हिंदू धम

हमारा जन्मप्राप्त धर्म

स्वामी विवेकानंद पर केंद्रित साहित्य

हिंदू धर्म
हमारा जन्मप्राप्त धर्म

स्वामी विवेकानंद

प्रभात
प्रकाशन

प्रकाशक
प्रभात प्रकाशन प्रा. लि.
4/19 आसफ अली रोड, नई दिल्ली–110002
फोन : 011–23289777 • हेल्पलाइन नं. : 7827007777
इ–मेल : prabhatbooks@gmail.com ❖ वेब ठिकाना : www.prabhatbooks.com

संस्करण
2025

पेपरबैक मूल्य
तीन सौ पचास रुपए

मुद्रक
आर–टेक ऑफसेट प्रिंटर्स, दिल्ली

★

HINDU DHARMA: Hamara Janmaprapt Dharma
by Swami Vivekananda

Published by **PRABHAT PRAKASHAN PVT. LTD.**
4/19 Asaf Ali Road, New Delhi-110002

ISBN 978-93-5521-367-9

₹ 350.00 (PB)

पुस्तक परिचय

स्वामी विवेकानंद ने भारत में उस समय अवतार लिया, जब यहाँ हिंदू धर्म के अस्तित्व पर संकट के बादल मँडरा रहे थे। पंडित-पुरोहितों ने हिंदू धर्म को घोर आडंबरवादी और अंधविश्वासपूर्ण बना दिया था। ऐसे में स्वामी विवेकानंद ने हिंदू धर्म को एक पूर्ण पहचान प्रदान की। इसके पहले हिंदू धर्म विभिन्न छोटे-छोटे संप्रदायों में बँटा हुआ था। तीस वर्ष की आयु में स्वामी विवेकानंद ने शिकागो (अमेरिका) की विश्व धर्म-संसद् में हिंदू धर्म का प्रतिनिधित्व किया और इसे सार्वभौमिक पहचान दिलवाई।

गुरुदेव रवींद्रनाथ टैगोर ने एक बार कहा था, "यदि आप भारत को जानना चाहते हैं तो विवेकानंद को पढ़िए। उनमें आप सबकुछ सकारात्मक ही पाएँगे, नकारात्मक कुछ भी नहीं।"

रोम्या रोलाँ ने उनके बारे में कहा था, "उनके द्वितीय होने की कल्पना करना भी असंभव है। वे जहाँ भी गए, सर्वप्रथम हुए...हर कोई उनमें अपने नेता का दिग्दर्शन करता था। वे ईश्वर के प्रतिनिधि थे तथा सब पर प्रभुत्व प्राप्त कर लेना ही उनकी विशिष्टता थी। हिमालय प्रदेश में एक बार एक अनजान यात्री उन्हें देख, ठिठककर रुक गया और

आश्चर्यपूर्वक चिल्ला उठा—'शिव!' यह ऐसा हुआ, मानो उस व्यक्ति के आराध्य देव ने अपना नाम उनके माथे पर लिख दिया हो।"

उनतालीस वर्ष के संक्षिप्त जीवनकाल में स्वामी विवेकानंद जो काम कर गए, वे आनेवाली अनेक शताब्दियों तक पीढ़ियों का मार्गदर्शन करते रहेंगे।

वे केवल संत ही नहीं थे, एक महान् देशभक्त, ओजस्वी वक्ता, प्रखर विचारक, रचनाधर्मी लेखक और करुण मानवप्रेमी भी थे। अमेरिका से लौटकर उन्होंने देशवासियों का आह्वान करते हुए कहा था, "नया भारत निकल पड़े मोची की दुकान से, भड़भूजे के भाड़ से, कारखाने से, हाट से, बाजार से; निकल पड़े झाड़ियों, जंगलों, पहाड़ों, पर्वतों से।"

और जनता ने स्वामीजी की पुकार का उत्तर दिया। वह गर्व के साथ निकल पड़ी। गांधीजी को आजादी की लड़ाई में जो जन-समर्थन मिला, वह विवेकानंद के आह्वान का ही फल था। इस प्रकार वे भारतीय स्वतंत्रता-संग्राम के भी एक प्रमुख प्रेरणा-स्रोत बने।

उनका विश्वास था कि पवित्र भारतवर्ष धर्म एवं दर्शन की पुण्यभूमि है। यहीं बड़े-बड़े महात्माओं तथा ऋषियों का जन्म हुआ, यहीं संन्यास एवं त्याग की भूमि है तथा यहीं, केवल यहीं आदिकाल से लेकर आज तक मनुष्य के लिए जीवन के सर्वोच्च आदर्श एवं मुक्ति का द्वार खुला हुआ है।

उनके कथन—"उठो, जागो, स्वयं जगकर औरों को जगाओ। अपने नर-जन्म को सफल करो और तब तक रुको नहीं, जब तक कि लक्ष्य प्राप्त न हो जाए।" पर अमल करके व्यक्ति अपना ही नहीं, सार्वभौमिक कल्याण कर सकता है। यही उनके प्रति हमारी सच्ची श्रद्धांजलि होगी।

प्रस्तुत पुस्तक 'हिंदू धर्म : हमारा जन्मप्राप्त धर्म' में स्वामीजी ने सरल शब्दों में वेदप्रणीत हिंदू धर्म, उसकी सार्वभौमिकता, उसकी उदारता, व्यापकता और सर्वधर्म समभाव की उसकी मौलिकता की

अनिर्वचनीय व्याख्या की है और मानव-मन में हिंदू धर्म को लेकर सदा से पनपते कतिपय अनुत्तरित प्रश्नों के सटीक व तार्किक उत्तर दिए हैं। एक अत्यंत प्रेरक, रोचक और ओजपूर्ण पुस्तक, जो जीवन में दैविक आशा का संचार करती है।

अनुक्रम

पुस्तक परिचय *5*

1. वेद से उत्पन्न हिंदू धर्म 11

2. हिंदू धर्म और उसके सामान्य आधार 34

3. हिंदू धर्म की सार्वभौमिकता 68

4. हिंदू धर्म के मूल तत्त्व 94

5. हमारा जन्मप्राप्त धर्म 121

6. हिंदू धर्म और उसका दर्शनशास्त्र 129

7. हिंदू धर्म और उसके चार योग 149

स्वामी विवेकानंद : महत्त्वपूर्ण तिथियाँ 167

वेद से उत्पन्न हिंदू धर्म

हमारा सबसे अधिक सरोकार जिस बात से है, वह है—धार्मिक विचार, ऐसे विचार जो आत्मा, परमात्मा तथा धर्म से संबंध रखते हैं। हम संहिताओं को लेंगे। ये स्तोत्रों के संग्रह हैं और प्राचीनतम आर्य-साहित्य के मानो स्वरूप हैं। आर्यों के ही क्यों, बल्कि सच कहें तो ये संसार के सबसे पुरातन साहित्य हैं। इनसे भी प्राचीनतम साहित्य के कुछ छोटे-मोटे अंश यहाँ-वहाँ भले ही रहे हों, पर उन्हें यथार्थतः ग्रंथ या साहित्य नहीं कहा जा सकता। संकलित ग्रंथ के रूप में ये ही संसार में प्राचीनतम हैं और इनमें आर्यों की आदिकालीन भावनाएँ, उनकी आकांक्षाएँ तथा रीति-नीति के संबंध में उठनेवाले प्रश्न आदि चित्रित हैं।

प्रारंभ में ही हमें एक बड़ी विचित्र कल्पना मिलती है। इन स्तोत्रों में भिन्न-भिन्न देवताओं की स्तुतियाँ हैं। इन देवताओं को देव या द्युतिमान कहा है। ये देव अनेक हैं। एक हैं इंद्र, दूसरे वरुण, मित्र, पर्जन्य आदि-आदि। एक के बाद एक, पौराणिक और रूपक कथाओं के विभिन्न पात्र क्रमशः हमारे सामने आते हैं। उदाहरणार्थ, वज्रधारी इंद्र मनुष्य-लोक में वर्षा को रोकनेवाले सर्प पर वज्र का आघात करते दिखते हैं। वे अपने वज्र को फेंकते हैं, सर्प मर जाता है और वर्षा की झड़ी लग जाती है।

लोगों में प्रसन्नता छा जाती है और वे यज्ञ द्वारा इंद्र की पूजा करते हैं। वे यज्ञवेदी बनाते हैं, पशु की बलि देकर उसके पके मांस का नैवेद्य इंद्र को अर्पण करते हैं। सोमलता उनकी प्यारी वस्तु थी। वह लता क्या थी, वह आज कोई नहीं जानता, उसका अब बिल्कुल लोप हो गया है, पर ग्रंथों से मालूम होता है कि उसे कुचलने से दूध के समान एक रस निकलता था; उसमें खमीर उठाया जाता था और यह भी पता लगता है कि ऐसा सोमरस नशीला होता था। इसे पीने को भी वे इंद्र एवं अन्यान्य देवताओं को निवेदन करते थे और स्वयं भी पीते थे। कभी-कभी वे इसे कुछ अधिक पी लेते थे और इसी तरह देवता लोग भी। कभी-कभी इंद्र नशे में चूर हो जाते थे। कुछ ऋचाएँ ऐसी भी मिलती हैं कि इंद्र एक बार यह सोमरस इतना अधिक पी गए कि असंबद्ध बातें करने लगे। वैसा ही वरुण के संबंध में है। ये भी एक महाशक्तिसंपन्न देवता हैं और उसी प्रकार अपने भक्तों की रक्षा करते हैं तथा वे भक्त सोमरस अर्पण कर उनका जयगान गाते हैं।

रण-देवता आदि की भी यही बात है, पर अन्य पौराणिक कथाओं की अपेक्षा संहिता की कथाओं में वैशिष्ट्य लानेवाली एक मुख्य बात यह है कि इन देवताओं में से प्रत्येक के साथ अनंततत्त्व की कल्पना संबद्ध है। यह अनंत केवल भावरूप है और कभी-कभी यह 'आदित्य' नाम से वर्णित किया गया है।

रण-देवता आदि की भी यही बात है, पर अन्य पौराणिक कथाओं की अपेक्षा संहिता की कथाओं में वैशिष्ट्य लानेवाली एक मुख्य बात यह है कि इन देवताओं में से प्रत्येक के साथ अनंततत्त्व की कल्पना संबद्ध है। यह अनंत केवल भावरूप है और कभी-कभी यह 'आदित्य' नाम से वर्णित किया गया है। अन्य स्थानों में वह दूसरे देवताओं से संबद्ध कर दिया गया है। उदाहरणार्थ, इंद्र को लीजिए। किसी-किसी सूक्त में आप देखेंगे कि इंद्र देहधारी हैं, अत्यंत शक्तिशाली हैं, कभी-कभी स्वर्ण कवच

पहनते हैं और नीचे उतरकर अपने भक्तों के साथ रहते हैं, भोजनादि करते हैं, असुरों से और सर्पों से लड़ते हैं, इत्यादि। फिर और एक दूसरे सूक्त में इंद्र को बहुत उच्च पद दिया गया है; वे सर्वव्यापी, सर्वशक्तिमान और सर्वांतर्यामी आदि गुणों से मंडित किए गए हैं। ऐसा ही वरुण के संबंध में है। ये वरुण जलदेवता हैं कि ये उच्च पद पर उठा दिए गए हैं और इन्हें भी सर्वव्यापी, सर्वशक्तिमान आदि विशेषणों से विभूषित किया गया है। वरुणदेव के इस सर्वोच्च स्वरूप को अभिव्यक्त करनेवाला 'अथर्ववेद' का एक सूक्त मैं पढ़ूँगा, जिससे आप मेरा अभिप्राय समझ जाएँगे। वह सूक्त यह है—

बृहन्नेषामधिष्ठाता अन्तिकादिव पश्यति।
य स्तायन्मन्यते चरनन्तसर्वं देवा इदं विदुः॥
यस्तिष्ठिति चरति यश्च वन्चति यो निलायं चरति यः प्रतंकम्।
द्वौ सन्निषद्य यन्त्रमन्त्रयेते राजा तद्वेद वरुणस्तृतीयः॥
उतेयं भूमिर्वरुणस्य राज्ञ उतासौ द्यौर्बृहती दूरेअन्ता।
उतौ समुद्रौ वरुणस्य कुक्षी उतास्मिन्नल्प उदके निलीनः॥
उत यो द्यामतिसर्पात्परस्तान्न स मुच्यातै वरुणस्य राज्ञः।
दिव स्पशः प्र चरन्तीदमस्य सहस्राक्षा अति पश्यन्ति भूमिम्॥

अर्थात "ये शक्तिसंपन्न प्रभु स्वर्ग से हमारे कार्यों को अपनी आँखों के सामने होते हुए देखते हैं। देवगण मनुष्यों के कार्यों को जानते हैं, यद्यपि मनुष्य चाहते हैं कि अपने कार्य छिपाकर करें। कोई खड़ा हो, चलता हो, चुपके से एक स्थान से दूसरे स्थान को जाता है, या अपनी निभृत गुफा में बैठा हो, उसके सभी हाल-चाल का पता देवतागण पा जाते हैं। जब कभी दो मनुष्य गुप्त सलाह कहते हैं और सोचते हैं कि हम अकेले हैं, तो तीसरे राजा वरुण भी वहाँ रहा करते हैं और उनके सब मंसूबों को जान जाते हैं। यह वसुधा उनकी है, यह विस्तीर्ण अनंत आकाश भी उन्हीं का है। दोनों महासागर उन्हीं में स्थित हैं, तथापि वे तो उस छोटे से जलाशय में ही वास करते हैं। यदि कोई गगनमंडल के उस पार भी उड़कर जाना चाहे, तो वहाँ

भी वह राजा वरुण के पंजे से नहीं बच सकता। उनके गुप्तचर आकाश से उतरकर संसार में सब ओर चुपके से विचरते रहते हैं और उनके सहस्र नेत्र, जो बहुत छानबीन करते हुए बारीकी से देखते रहते हैं, पृथ्वी की सुदूर सीमा तक अपनी निगाह फैलाए रहते हैं।"

इसी प्रकार, हम अन्य देवताओं के विषय में भी अनेक उदाहरण दे सकते हैं। वे सभी एक के बाद एक उसी क्रम से आते हैं, पहले वे देवताओं के रूप में दिखते हैं और उसके बाद उन्हें ऊपर उठाकर उनके विषय में यह धारणा उपस्थित की जाती है कि वे ऐसे 'पुरुष' हैं, जिनमें सारा ब्रह्मांड अवस्थित है, जो प्रत्येक हृदय को देखनेवाले साक्षी हैं और विश्व के शासनकर्ता हैं। वरुणदेव के संबंध में एक दूसरा भाव भी है और उस भाव का केवल अंकुर ही फूट पाया था कि आर्य-मन ने उसे वहीं कुचल डाला; वह है—भय का भाव। एक अन्य स्थान पर हम पढ़ते हैं कि उन्हें अपने किए हुए पाप के कारण भय लगता है और वे वरुण से क्षमा माँगते हैं।

भारत में भय और पाप इन दो भावों को बढ़ने नहीं दिया गया; इसका कारण आप बाद में समझ जाएँगे, तथापि इनके अंकुर तो फूटने को ही थे। इसी को, जैसाकि आप सब जानते हैं, 'एकेश्वरवाद' कहते हैं। इस एकेश्वरवाद का उदय भारत में अति प्राचीन काल में ही हुआ था।

भारत में भय और पाप इन दो भावों को बढ़ने नहीं दिया गया; इसका कारण आप बाद में समझ जाएँगे, तथापि इनके अंकुर तो फूटने को ही थे। इसी को, जैसाकि आप सब जानते हैं, 'एकेश्वरवाद' कहते हैं। इस एकेश्वरवाद का उदय भारत में अति प्राचीन काल में ही हुआ था। संपूर्ण संहिताओं में, उनके प्रथम व प्राचीनतम भाग में इस एकेश्वरवाद संबंधी विचार का ही प्राधान्य है, पर हम देखेंगे कि आर्यों के लिए इतना ही पर्याप्त नहीं जँचा। उन्होंने उसे बिल्कुल ही एक आदिम प्रकार की धारणा

समझ, मानो एक ओर फेंक दिया और आगे बढ़ गए। हम हिंदुओं की ऐसी ही धारणा है। अवश्य जब कोई हिंदू पाश्चिमात्य पंडितों द्वारा लिखित वेद संबंधी पुस्तकों और टीका-टिप्पणियों में यह पढ़ता है कि हमारे ग्रंथकर्ताओं के लेखों में केवल यही उपर्युक्त शिक्षा भरी है, तब तो उसे हँसी आए बिना नहीं रहती।

जिन्होंने बचपन से ही, मानो अपनी माँ के दूध के साथ इस विचार का पान किया है कि एक सगुण ईश्वर का भाव ईश्वर-संबंधी उच्चतम आदर्श है, वे स्वभावतः ही भारत के इन प्राचीन मनीषियों के समान विचार करने का साहस नहीं कर सकते, जबकि वे देखते हैं कि संहिता के बाद ही एकेश्वरवाद की कल्पना, जिससे संहिता भरी हुई है, आर्यों द्वारा निरर्थक पाई गई, तत्त्ववेत्ताओं और दार्शनिकों के लिए अनुपयुक्त समझी गई और इसलिए वे आर्य अधिक तात्त्विक एवं इंद्रियातीत सत्य की खोज में विशेष प्रयत्नशील हुए। आर्यों की दृष्टि में एकेश्वरवाद अत्यंत मानुषिक प्रतीत हुआ, यद्यपि उन्होंने उसके वर्णन में "संपूर्ण विश्व उसी में भ्रमण करता है", "तू ही सभी के अंत:करणों का नियामक है" इत्यादि वाक्यों का प्रयोग किया। हिंदू लोग साहसी थे और उन्हें इस बात का श्रेय देना चाहिए कि वे अपने सभी विचारों को बड़े साहस के साथ सोचते थे, इतने साहस के साथ कि उनके विचार की एक चिनगारी मात्र से पश्चिम के तथाकथित साहसी तत्त्ववेत्ता डर जाते हैं!

जिन्होंने बचपन से ही, मानो अपनी माँ के दूध के साथ इस विचार का पान किया है कि एक सगुण ईश्वर का भाव ईश्वर-संबंधी उच्चतम आदर्श है, वे स्वभावतः ही भारत के इन प्राचीन मनीषियों के समान विचार करने का साहस नहीं कर सकते, जबकि वे देखते हैं कि संहिता के बाद ही एकेश्वरवाद की कल्पना, जिससे संहिता भरी हुई है...

इन आर्य-मनीषियों के संबंध में प्रोफेसर मैक्समूलर ने यह ठीक ही

कहा है कि वे लोग इतनी अधिक ऊँचाई तक चढ़े, जहाँ केवल उनके ही फेफड़े साँस ले सकते थे, दूसरों के फेफड़े तो इतनी ऊँचाई में फट गए होते! जहाँ भी बुद्धि ले गई, इन धीर पुरुषों ने उसका अनुरागपूर्वक अनुसरण किया, उसके लिए कोई त्याग उठा न रखा। संभव था कि इससे उनके हृदय के चिर-पोषित अंधविश्वास चूर-चूर हो जाते, पर उन्होंने इसकी परवाह न की; यह भी परवाह न की कि समाज उनके संबंध में क्या सोचेगा, क्या कहेगा! वे तो साहसी थे। उन्होंने जिसे ठीक और सत्य समझा, उसी की चर्चा की और प्रचार किया।

प्राचीन वैदिक ऋषियों के संबंध में इस प्रकार विचार करने के पूर्व हम यहाँ पर वेदों में से एक-दो विशिष्ट बातों का उल्लेख करेंगे। हम देखते हैं कि वहाँ एक के बाद दूसरे देवता लिये गए हैं, उन्हें ऊपर उठाया गया है, उनकी महिमा और प्रभुता की क्रमशः वृद्धि की गई है और अंत में उनमें से प्रत्येक को विश्व के उस अनंत सगुण ईश्वर की पदवी पर बिठा दिया गया है।

प्राचीन वैदिक ऋषियों के संबंध में इस प्रकार विचार करने के पूर्व हम यहाँ पर वेदों में से एक-दो विशिष्ट बातों का उल्लेख करेंगे। हम देखते हैं कि वहाँ एक के बाद दूसरे देवता लिये गए हैं, उन्हें ऊपर उठाया गया है, उनकी महिमा और प्रभुता की क्रमशः वृद्धि की गई है और अंत में उनमें से प्रत्येक को विश्व के उस अनंत सगुण ईश्वर की पदवी पर बिठा दिया गया है। यह एक विशिष्ट बात है, जिसका स्पष्टीकरण होना आवश्यक है। प्रोफेसर मैक्समूलर इसके लिए एक नए नाम की रचना करते हैं; वे कहते हैं कि यह हिंदुओं की विशेषता है; वे इसे 'हेनोथिजम्' नाम से पुकारते हैं। इसे समझने के लिए हमें दूर जाने की आवश्यकता नहीं। इसकी यथार्थ मीमांसा तो उन वेदों में ही है। वेदों में, जहाँ पर देवताओं का वर्णन है, उन्हें ऊपर उठाया गया है, उनकी महिमा और प्रभुता की क्रमशः वृद्धि की गई

है, बस उसके कुछ आगे ही हमें इसका समाधान भी मिलता है।

प्रश्न यह उठता है कि हिंदुओं की पौराणिक कथाएँ अन्य जातियों की ऐसी कथाओं की अपेक्षा इतनी वैशिष्ट्यपूर्ण तथा भिन्न क्यों हैं? बाइबिल या यूनान देश की पौराणिक कथाओं में हम देखते हैं कि एक देवता आगे बढ़ने का प्रयत्न करता है और एक उच्च अवस्था में पहुँचकर वहीं जम जाता है तथा दूसरे देवता लुप्त हो जाते हैं। 'मोलोको' में 'जिहोवा' सबसे श्रेष्ठ बन जाता है और अन्य सब 'मोलोक' भुला दिए जाते हैं, सदा के लिए लुप्त हो जाते हैं; 'जिहोवा' देवाधिदेव के आसन पर विराजमान हो जाता है। इसी तरह, यूनानी देवताओं में 'जिउस' नामक देवता प्राधान्य लाभ करता है और उत्तरोत्तर अधिकाधिक महिमान्वित होता हुआ, अंत में विश्वविधाता के सिंहासन पर आरूढ़ हो जाता है; अन्य सभी देवता क्षीणप्रभ होकर साधारण देवदूतों की श्रेणी में समाविष्ट हो जाते हैं। इस घटना की पुनरावृत्ति उत्तरकालीन इतिहास में भी पाई जाती है।

प्रश्न यह उठता है कि हिंदुओं की पौराणिक कथाएँ अन्य जातियों की ऐसी कथाओं की अपेक्षा इतनी वैशिष्ट्यपूर्ण तथा भिन्न क्यों हैं? बाइबिल या यूनान देश की पौराणिक कथाओं में हम देखते हैं कि एक देवता आगे बढ़ने का प्रयत्न करता है और एक उच्च अवस्था में पहुँचकर वहीं जम जाता है तथा दूसरे देवता लुप्त हो जाते हैं।

बौद्ध और जैन लोगों ने अपने एक धर्म-प्रचारक को ईश्वर का स्थान दे दिया और अन्य देवताओं को उस 'बुद्ध' या 'जिन' के अधीन माना। यही प्रणाली समस्त संसार के धर्मेतिहास में प्रचलित है, परंतु वेदों में हम मानो इसका अपवाद पाते हैं। वहाँ किसी एक देवता की स्तुति की जाती है और उस समय तक यह कहा जाता है कि अन्य सब देवता उसकी आज्ञाओं का पालन करते हैं और जिस देवता के वरुण द्वारा

बढ़ाए जाने की बात कही गई है, वह स्वयं ही दूसरे मंडल के सर्वोच्च पद पर पहुँचा दिया जाता है। बारी-बारी से ये देवता सगुण-ईश्वर के पद पर स्थापित होते हैं, पर इसकी मीमांसा तो उसी ग्रंथ में पाई जाती है और वह सचमुच अद्‌भुतरम्य है। वह भारत में समस्त उत्तरकालीन विचारों का विषय रही है और वही सारे संसार के धार्मिक क्षेत्र में आध्यात्मिक विचारधारा का विषय रहेगी; वह है—"एकं सद्विप्रा बहुधा वदन्ति।" सत्ता एक है, ऋषिगण उसे विभिन्न नामों से पुकारते हैं।

इन सभी स्तोत्रों में, जहाँ इन विभिन्न देवताओं की महिमा गाई गई है, जिस परम पुरुष के दर्शन होते हैं, वह एक ही है; अंतर केवल दर्शन करनेवाले में है। स्तोत्र गायक, ऋषि और कवि उसी एक परम पुरुष का गुणगान विभिन्न वाणियों और भिन्न-भिन्न छंदों में करते हैं। "एकं सद्विप्रा बहुधा वदन्ति।" सत्ता एक ही है, ऋषियों ने उसके भिन्न-भिन्न नाम दिए हैं। इस एक मंत्र पर ये बहुत से महत्त्वपूर्ण परिणाम निकले हैं। संभवतः आप लोगों में से कुछ को यह सुनकर आश्चर्य होता होगा कि भारत ही एक ऐसा देश है, जहाँ विधर्मियों पर अत्याचार कभी नहीं हुआ और जहाँ किसी मनुष्य को उसके धार्मिक विश्वास के कारण तंग नहीं किया गया। आस्तिक, नास्तिक, अद्वैतवादी, द्वैतवादी, एकेश्वरवादी—सभी वहाँ वास करते हैं और एक साथ बिना द्वेषभाव के रहते हैं।

इन सभी स्तोत्रों में, जहाँ इन विभिन्न देवताओं की महिमा गाई गई है, जिस परम पुरुष के दर्शन होते हैं, वह एक ही है; अंतर केवल दर्शन करनेवाले में है। स्तोत्र गायक, ऋषि और कवि उसी एक परम पुरुष का गुणगान विभिन्न वाणियों और भिन्न-भिन्न छंदों में करते हैं। "एकं सद्विप्रा बहुधा वदन्ति।"

जड़वादी चार्वाकों ने ब्राह्मणों के मंदिरों की सीढ़ियों पर से देवताओं के विरुद्ध, यहाँ तक कि स्वयं परमेश्वर के विरुद्ध भी प्रचार किया; वे सारे

देशभर में यह उपदेश देते फिरे कि ईश्वर को मानना निरा अंधविश्वास है; देव-देवता, वेद और धर्म आदि की बातें निरी कपोल-कल्पनाएँ हैं, जिन्हें पुरोहितों ने अपने स्वार्थ और लाभ के लिए गढ़ा है, पर ऐसे प्रचारकों पर भी भारत में अत्याचार नहीं किया गया। बुद्धदेव जहाँ कहीं गए, उन्होंने हिंदुओं द्वारा पवित्र मानी जानेवाली सभी पुरातन बातों को मिट्टी में मिला देने का प्रयत्न किया, पर उनके विरुद्ध एक आवाज तक न उठाई गई और उन्होंने परिपक्व वृद्धावस्था में अपने शरीर का त्याग किया। ऐसा ही जैनियों के संबंध में हुआ। वे तो ईश्वर-संबंधी धारणा की हँसी उड़ाते थे। उनका कहना था, “ईश्वर हो ही कैसे सकता है? ईश्वर की कल्पना तो केवल अंधविश्वास है।”

इसी प्रकार अनेक उदाहरण दिए जा सकते हैं। जब तक इसलाम धर्म की लहर भारत में नहीं आई थी, तब तक वहाँ के लोग यह जानते तक न थे कि धार्मिक अत्याचार किसे कहते हैं। जब विधर्मी विदेशियों द्वारा हिंदुओं पर यह अत्याचार हुआ, तभी उन्होंने इसे प्रथम बार अनुभव किया।

इसी प्रकार अनेक उदाहरण दिए जा सकते हैं। जब तक इसलाम धर्म की लहर भारत में नहीं आई थी, तब तक वहाँ के लोग यह जानते तक न थे कि धार्मिक अत्याचार किसे कहते हैं। जब विधर्मी विदेशियों द्वारा हिंदुओं पर यह अत्याचार हुआ, तभी उन्होंने इसे प्रथम बार अनुभव किया। आज भी यह बात सर्वविदित है कि ईसाइयों के गिरजाघर बनाने में हिंदुओं ने कितनी सहायता दी है और उन्हें सहायता देने के लिए किस तरह सदैव तत्पर रहते हैं। वहाँ धर्म के नाम पर रक्तपात कभी नहीं किया गया, यहाँ तक कि वेदों में विश्वास न करनेवाले वे धर्म भी, जो भारत की भूमि में उपजे और फले-फूले हैं, उसी प्रकार प्रभावित हुए हैं। उदाहरण के लिए, बौद्ध धर्म को लिया जा सकता है। बौद्ध धर्म कुछ बातों में एक महान् धर्म है, पर बौद्ध धर्म और वेदांत को समान समझना भूल है। उन दोनों का अंतर उसी प्रकार स्पष्ट

है, जैसे कि ईसाई धर्म और मुक्ति फौज का।

बौद्ध धर्म में महान् और अच्छी बातें हैं, पर ये बातें ऐसे मनुष्यों के हाथ में पड़ गईं, जो उन्हें सुरक्षित रखने में असमर्थ थे। तत्त्वज्ञानियों के दिए हुए रत्न सर्वसाधारण जनसमूह के हाथों में आ पड़े और जनता ने उनके विचारों को ग्रहण किया। उनमें काफी उत्साह था, उनके पास कुछ अपूर्व भाव थे, महान् और लोकहितकारी भाव; पर तो भी ऐसी बातों को सुरक्षित रखने के लिए कुछ दूसरी वस्तु की आवश्यकता हुआ करती है, वह है—बुद्धि और विचार। जहाँ कहीं तुम देखोगे कि भू-दया के उच्च आदर्श जनसाधारण के हाथों में पड़े हैं, वहाँ उसका प्रथम परिणाम अध:पतन ही हुआ है। वास्तव में विद्या और बुद्धि इन बातों को सुरक्षित रखती हैं। अस्तु।

संसार के सामने प्रचारक-धर्म के रूप में सर्वप्रथम बौद्ध धर्म ही आया और उस युग की सारी सभ्य जातियों में उसका प्रचार किया गया, पर उस धर्म के नाम पर कहीं एक बूँद भी रक्त नहीं गिराया गया। हम इतिहास में देखते हैं कि किस प्रकार चीन देश में बौद्ध प्रचारकों पर अत्याचार किया गया, किस प्रकार सहस्रों बौद्ध प्रचारक लगातार दो-तीन सम्राटों द्वारा मौत के घाट उतार दिए गए, पर उसके बाद अंत में बौद्धों का भाग्य चमका। एक सम्राट् ने उन अत्याचारियों से बदला लेना चाहा, पर बौद्ध प्रचारकों ने इनकार कर दिया। इस सबके लिए हम इस निम्नोक्त मंत्र के ऋणी हैं, इसलिए मैं चाहता हूँ कि आप इस मंत्र को याद रखें—

इन्द्रं मित्रं वरुणमग्निमाहुरथो दिव्यः स सुपर्णो गरुत्मान।
एकं सद्विप्रा बहुधा वदन्त्यग्निं यमं मातरिश्वानमाहु ॥

बौद्ध धर्म में महान् और अच्छी बातें हैं, पर ये बातें ऐसे मनुष्यों के हाथ में पड़ गईं, जो उन्हें सुरक्षित रखने में असमर्थ थे। तत्त्वज्ञानियों के दिए हुए रत्न सर्वसाधारण जनसमूह के हाथों में आ पड़े और जनता ने उनके विचारों को ग्रहण किया।

"जिसे लोग इंद्र, मित्र, वरुण कहते हैं, वह सत्ता केवल एक ही है; ऋषि लोग उसे भिन्न-भिन्न नामों से पुकारते हैं।"

आधुनिक विज्ञान चाहे जो कहे, पर यह कोई नहीं जानता कि यह मंत्र कब लिखा गया था, कौन जाने वह 8000 वर्ष पूर्व लिखा गया हो, या 9000 वर्ष पूर्व। इनमें से कोई भी धार्मिक विचार आधुनिक नहीं है, पर तो भी ये आज भी उतने ही नवीन हैं, जितना कि वे लिखने के समय थे। यही क्यों, आज तो वे अधिक नवीन हैं; क्योंकि उस प्राचीन युग में मनुष्य उतना सभ्य नहीं था, जितना कि हम आज उसे समझते हैं! तब उसने यह नहीं सीखा था कि वह इसलिए अपने भाई का गला काट ले कि वह उससे कुछ अलग विचार रखता है; पर उसने संसार को रक्त से नहीं नहलाया था, वह अपने भाई के लिए राक्षस नहीं बना था। तब वह मानवता के नाम पर सारी मानवजाति का वध नहीं करता था। इसीलिए 'एकं सद्विप्रा बहुधा वदन्ति' ये शब्द आज हमारे सामने अधिक नवीन रूप से आते हैं, महान् प्रेरणा और संजीवनी लेकर आते हैं, उससे अधिक तरोताजा होकर आते हैं, जितना कि वे लिखने के समय थे। हमें यह आज भी सीखना शेष है कि सभी धर्मों का ईश्वर एक ही है, चाहे वे धर्म हिंदू, बौद्ध, इसलाम, ईसाई आदि भिन्न-भिन्न नामवाले क्यों न हों और जो उनमें से किसी की निंदा करता है, वह अपने ही ईश्वर की निंदा करता है।

आधुनिक विज्ञान चाहे जो कहे, पर यह कोई नहीं जानता कि यह मंत्र कब लिखा गया था, कौन जाने वह 8000 वर्ष पूर्व लिखा गया हो, या 9000 वर्ष पूर्व। इनमें से कोई भी धार्मिक विचार आधुनिक नहीं है, पर तो भी ये आज भी उतने ही नवीन हैं, जितना कि वे लिखने के समय थे।

यही वह समाधान था, जिस पर वे पहुँचे थे, पर जैसा मैंने कहा, हिंदू मन को इस प्राचीन एकेश्वरवाद की धारणा से संतोष नहीं हुआ। वह धारणा अधिक दूर तक नहीं जा सकी, उससे दृश्य-जगत् की घटनाओं

का समाधान नहीं हुआ। जगत् का एक शासनकर्ता ईश्वर मान लेने से जगत् का स्वरूप ठीक-ठीक समझ में नहीं आता, कभी नहीं आता। विश्व का एक विधाता मान लेने से विश्व-व्यापार का समाधान नहीं होता और यदि वह विधाता विश्व के बाहर हो, तब तो बात और भी जटिल हो जाती है। ऐसा विधाता भले ही नैतिक पथ-प्रदर्शक हो, सर्वशक्तिमान हो, पर वह इस विश्व-पहेली का हल नहीं हो सकता। अब हम विश्व के संबंध में उस प्रथम प्रश्न को उठते हुए देखते हैं, जो उत्तरोत्तर गंभीर होता जाता है और पूछता है, "यह विश्व कहाँ से आया, कैसे आया, यह कैसे स्थित है?" इस प्रश्न से संबंधित हमें कई सूक्त मिलते हैं। इस प्रश्न को सुसंबद्ध रूप देने के लिए कठिन प्रयास हो रहा है और इसका वर्णन निम्नोक्त सूक्त में जिस प्रकार किया गया है, उससे अधिक काव्यमय और अद्भुत वर्णन अन्यत्र कहीं नहीं मिलेगा—

"उस समय न सत् था, न असत्, न वायु थी, न आकाश, न अन्य कुछ ही। यह सब किससे ढका था, सब किसके आधार पर स्थित था? तब मृत्यु नहीं थी, न अमरत्व ही और न रात्रि और दिन का परिवर्तन ही था।"

नासदासीन्नो सदासीत्तदानीं
नासीद्रजो नो व्योमा परो यत्।
किमावरीवः कुह कस्य शर्मन्
अम्भः किमासीत् गहनं गभीरम्॥
न मृत्युरासीत् अमृतं न तर्हि
न रात्र्या अह्न आसीत्प्रकेतः।

"उस समय न सत् था, न असत्, न वायु थी, न आकाश, न अन्य कुछ ही। यह सब किससे ढका था, सब किसके आधार पर स्थित था? तब मृत्यु नहीं थी, न अमरत्व ही और न रात्रि और दिन का परिवर्तन ही था।"

अनुवाद करने से कविता का अधिकांश सौंदर्य नष्ट हो जाता है। 'न मृत्युरासीत् अमृतं न तर्हि न रात्र्या अह्न आसीत्प्रकेतः', देखिए, संस्कृत शब्दों की ध्वनि ही कैसी संगीतमयी है! "आनीदवातं स्वधया तदेकं, तस्याद्धान्यन्न परः किञ्चनास।" "वह सत्ता, वह प्राण ही मानो आवरण के रूप में ईश्वर को ढके हुए था और उसका चलायमान होना प्रारंभ नहीं हुआ था।"

इस एक भाव को स्मरण रखना ठीक होगा कि वह सत्ता क्रियारहित होकर स्थिर स्थित थी; क्योंकि आगे चलकर हम देखेंगे कि सृष्टिसर्ग के संबंध में इस भाव का किस प्रकार विकास हुआ है? हम यह भी देखेंगे कि हिंदू तत्त्वज्ञान और दर्शनशास्त्र के अनुसार यह संपूर्ण विश्व किस प्रकार, मानो क्रियाशील स्पंदनों की समष्टि है और कई समय ऐसे हुआ करते हैं, जब यह समस्त क्रिया शांत हो जाती है और सूक्ष्म से सूक्ष्मतर बनकर कुछ काल तक उसी अवस्था में रहती है। इसी अवस्था का वर्णन इस सूक्त में किया गया है। वह सत्ता सक्रिय थी, अचल थी, स्पंदनरहित थी और जब सृष्टि का आरंभ हुआ, तब वह स्पंदित होने लगी और उसी शांत, आत्मविधृत, अद्वितीय सत्ता से यह सृष्टि बाहर निकल आई।

इस एक भाव को स्मरण रखना ठीक होगा कि वह सत्ता क्रियारहित होकर स्थिर स्थित थी; क्योंकि आगे चलकर हम देखेंगे कि सृष्टिसर्ग के संबंध में इस भाव का किस प्रकार विकास हुआ है? हम यह भी देखेंगे कि हिंदू तत्त्वज्ञान और दर्शनशास्त्र के अनुसार यह संपूर्ण विश्व किस प्रकार, मानो क्रियाशील स्पंदनों की समष्टि है और कई समय ऐसे हुआ करते हैं, जब यह समस्त क्रिया शांत हो जाती है और सूक्ष्म से सूक्ष्मतर बनकर कुछ काल तक उसी अवस्था में रहती है।

"तम आसीत् तमस गूढमग्रे", पहले अंधकार अंधकार में छिपा हुआ था। इस वर्णन की महिमा आप लोगों में से वे ही समझ सकेंगे, जो भारत

या किसी अन्य उष्ण देश को गए हैं और वर्षा ऋतु का आरंभ देखा है। इस दृश्य के वर्णन का प्रयत्न तीन कवियों ने जिस प्रकार किया है, वह मुझे याद आता है। मिल्टन कहते हैं, "प्रकाश नहीं था, अंधकार ही दिखाई देता था।" कालिदास कहते हैं, "ऐसा अंधकार, जिसका सुई से भेदन किया जा सकता है।" पर 'अंधकार में छिपा हुआ अंधकार', इस वैदिक वर्णन को कोई नहीं पाता। प्रत्येक वस्तु सूख रही है, झुलस रही है। सारी सृष्टि, मानो जल रही है और कई दिनों से ऐसा हो रहा है। इतने में एक छोटा सा बादल का टुकड़ा दिखाई देता है और आध घंटे के अंदर ही वह सारी पृथ्वी को छा लेता है, बादल पर बादल छा जाते हैं और फिर प्रलयकारी घनघोर वर्षा होने लगती है।

सृष्टि का कारण 'इच्छा' बताई गई। जो सबसे पहले अस्तित्व में था, वही 'इच्छा' में परिणत हो गया और वह इच्छा कामना के रूप में प्रकट होने लगी। यह भी हमें स्मरण रखना चाहिए; क्योंकि हम देखते हैं कि यह कामना ही सारी सृष्टि का कारण बतलाई गई है।

सृष्टि का कारण 'इच्छा' बताई गई। जो सबसे पहले अस्तित्व में था, वही 'इच्छा' में परिणत हो गया और वह इच्छा कामना के रूप में प्रकट होने लगी। यह भी हमें स्मरण रखना चाहिए; क्योंकि हम देखते हैं कि यह कामना ही सारी सृष्टि का कारण बतलाई गई है। यह 'इच्छा' ही बौद्ध और वेदांत दर्शनों में अत्यंत महत्त्व की कल्पना रही है और यही आगे चलकर जर्मन-दर्शनशास्त्र में प्रविष्ट हो, शोपेनहावर के दर्शन की भित्तिस्वरूप बन गई है। हम सर्वप्रथम यहाँ उसके विषय में सुनते हैं—

कामस्तदग्रे समवर्तताधि
मनसो रेतः प्रथमं यदासीत्।
सतो बनुमसति निरविन्दन्
हृदि प्रतीष्या कवयो मनीषा।।

"अब पहले इच्छा की उत्पत्ति हुई, जो मन का अव्यक्त बीज है।

ऋषियों ने अपने हृदय में प्रज्ञा द्वारा खोजते-खोजते सत् और असत् के बीच के संबंध का पता लगाया।"

यह बड़ा विचित्र वर्णन है; ऋषि अंत में कहते हैं, "सो अंग वेद यदि वा न वेद", कदाचित् वह (ईश्वर) भी इसे नहीं जानता! कवित्व की विशेषताओं को अलग रखते हुए, हम एक सूक्त में यह पाते हैं कि जगत्-संबंधी प्रश्न एक निश्चित रूप प्राप्त कर चुका है और यह भी प्रतीत होता है कि ऋषियों के मन अवश्य एक ऐसी उन्नत अवस्था में पहुँच गए हैं, जहाँ किसी प्रकार के साधारण उत्तरों से उनका समाधान नहीं हो सकता। हम यह देखते हैं कि सृष्टिबाह्य 'जगन्नियंता' की कल्पना से भी उन्हें संतोष नहीं हुआ। कई अन्य सूक्तों में भी इस सृष्टि की उत्पत्ति के संबंध में यही भाव पाया जाता है और जैसा हम पहले देख चुके हैं कि जब वे विश्व के एक नियंता, एक सगुण ईश्वर की खोज में लगे हुए थे, तब वे एक के बाद दूसरे देवता को लेकर उसे उच्चतम पद तक उठा देते थे, उसी तरह अब हम देखते हैं कि भिन्न-भिन्न स्तोत्रों में एक या दूसरे भाव को लिया गया है, उसका अनंत विस्तार किया गया है और उसे विश्व की सभी वस्तुओं की उत्पत्ति का कारण बताया गया है। एक विशिष्ट भाव को आधार के रूप में लिया गया है, जिसमें सबकुछ आश्रित और स्थित है और वही आधार यह सब बन गया है। इसी प्रकार, भिन्न-

यह बड़ा विचित्र वर्णन है; ऋषि अंत में कहते हैं, "सो अंग वेद यदि वा न वेद", कदाचित् वह (ईश्वर) भी इसे नहीं जानता! कवित्व की विशेषताओं को अलग रखते हुए, हम एक सूक्त में यह पाते हैं कि जगत्-संबंधी प्रश्न एक निश्चित रूप प्राप्त कर चुका है और यह भी प्रतीत होता है कि ऋषियों के मन अवश्य एक ऐसी उन्नत अवस्था में पहुँच गए हैं, जहाँ किसी प्रकार के साधारण उत्तरों से उनका समाधान नहीं हो सकता।

भिन्न भावों के संबंध में भी किया गया है। उन्होंने इस प्रणाली का प्रयोग 'प्राण' रूपी जीवन-तत्त्व पर किया। उन्होंने प्राण-तत्त्व के इस भाव का इतना विकास किया कि अंत में वह विश्वव्यापी और अनंत बन गया। यह प्राण-तत्त्व ही सबका धारण करता है। वह केवल मानव-शरीर की ही नहीं, वरन् सूर्य और चंद्रमा की भी ज्योति है; वही प्रत्येक वस्तु को चलानेवाली शक्ति है, वही विश्व-संचालिनी शक्ति है। इनमें से कई वर्णन तो बड़े ही सुंदर, बड़े ही काव्यमय हैं। उनकी चित्रांकन की शैली बड़ी ही रम्य और अपूर्व काव्यमयी है। उदाहरणार्थ देखिए, "यत्राधि सूर उदितो विभाति", "जिस प्रजापतिरूपी आधार से उदय को प्राप्त हो, सूर्य प्राची में लाली बिखेरता हुआ प्रकाशमान होता है।" अस्तु। तत्पश्चात् उस 'इच्छा' का, जो हमने अभी ही पढ़ा, सृष्टि में उसने विश्वेश्वर का स्थान प्राप्त कर लिया, पर इन विचारों में से कोई भी उन्हें समाधानकारक नहीं प्रतीत हुआ।

"यत्राधि सूर उदितो विभाति", "जिस प्रजापतिरूपी आधार से उदय को प्राप्त हो, सूर्य प्राची में लाली बिखेरता हुआ प्रकाशमान होता है।" अस्तु। तत्पश्चात् उस 'इच्छा' का, जो हमने अभी ही पढ़ा, सृष्टि में उसने विश्वेश्वर का स्थान प्राप्त कर लिया, पर इन विचारों में से कोई भी उन्हें समाधानकारक नहीं प्रतीत हुआ।

यहाँ पर आदि-कारण की कल्पना अत्यंत उदात्त रूप धारण कर लेती है और अंत में वह 'आदि-पुरुष' की कल्पना में परिणत हो जाती है—

हिरण्यगर्भः समवर्तताग्रे भूतस्य जातः पतिरेक आसीत्।
स दाधार पृथिवीं द्यामुतेमां कस्मै देवाय हविषा विधेम॥
य आत्मदा बलदा यस्य विश्व उपासते प्रशिषं यस्य देवाः।
यस्य छायामृतं यस्य मृत्युः कस्मै देवाय हविषा विधेम॥
यस्यमे हिमवन्तो महित्वा यस्य समुद्रं रसया सहाहुः।

"सृजन के पूर्व उसी एक का अस्तित्व था। वही सब पदार्थों का एकमात्र अधीश्वर है, वही इस विश्व का आधार है। वही जो जीव-सृष्टि का जनक है, समस्त शक्ति का मूल है, समस्त देव-देवता जिसकी पूजा करते हैं, जीवन जिसकी छाया है, मृत्यु जिसकी छाया है, उसको छोड़ और किसकी पूजा करें? हिमगिरि के तुषारमंडित उत्तुंग शिखर जिसकी महिमा का उद्गान करते हैं; समुद्र अपने अगाध जलसंभार द्वारा जिसकी महिमा की घोषणा करते हैं···" इत्यादि। पर जैसा मैंने अभी ही कहा, इस विचार से उनका समाधान न हो सका।

अंततोगत्वा हम एक बड़ी ही विचित्र अवस्था पाते हैं। आर्यऋषियों का मन अभी तक बाह्य प्रकृति में ही इस प्रश्न का उत्तर ढूँढ़ रहा था। सूर्य, चंद्रमा, तारागण आदि जो-जो वस्तुएँ उन्हें मिल सकती थी, उन सबकी प्राप्ति की। संपूर्ण प्रकृति अधिक-से-अधिक उन्हें केवल इतनी ही शिक्षा दे सकी कि इस विश्व का नियंता एक व्यक्तिविशेष है। इससे अधिक वे बाह्य प्रकृति से और कुछ न सीख सके। संक्षेप में, बाह्य विश्व से हमें केवल एक शिल्पी की कल्पना ही प्राप्त हो सकती है, जिसे 'दैवी योजना के अनुसार निर्माण' का सिद्धांत कहते हैं। हम जानते ही हैं कि यह सिद्धांत कुछ विशेष तर्कसंगत नहीं है। उसमें कुछ अबोधता का आभास है; तथापि बाह्य जगत् पर से तो हम परमेश्वर के संबंध में बस इतना ही जान सकते हैं कि इस जगत् को बनानेवाला कोई होना चाहिए, किंतु सृष्टि-विषयक समस्या इससे हल

अंततोगत्वा हम एक बड़ी ही विचित्र अवस्था पाते हैं। आर्यऋषियों का मन अभी तक बाह्य प्रकृति में ही इस प्रश्न का उत्तर ढूँढ़ रहा था। सूर्य, चंद्रमा, तारागण आदि जो-जो वस्तुएँ उन्हें मिल सकती थी, उन सबकी प्राप्ति की। संपूर्ण प्रकृति अधिक-से-अधिक उन्हें केवल इतनी ही शिक्षा दे सकी कि इस विश्व का नियंता एक व्यक्तिविशेष है।

नहीं होती। इस कल्पना में कि इस जगत् के उपादान ईश्वर के सामने थे तथा सृजन के लिए उस ईश्वर को इन उपादानों की आवश्यकता थी, सबसे अधिक आपत्तिजनक बात तो यह है कि ईश्वर इस उपादान-कारण से मर्यादित हो जाता है, क्योंकि इस उपादान की मर्यादा के भीतर ही वह कार्य कर सकता है।

कारीगर सामग्री के बिना मकान नहीं बना सकता; अतः वह उस सामग्री की मर्यादा से मर्यादित है। जिस वस्तु के बनाने योग्य सामग्री उसके पास है, वही तो वह बना सकता है। अतः 'दैवी योजना के अनुसार निर्माण' के सिद्धांत से जो ईश्वर हमें प्राप्त होता है, वह तो अधिक-से-अधिक एक कारीगर मात्र है, इस जगत् का एक समर्याद शिल्पी है। वह उपादान-परतंत्र है, उपादानों से मर्यादित है। तब वह स्वतंत्र कैसे हो सकता है? आर्य-ऋषि यह सत्य पहले ही जान चुके थे। बहुतेरे अन्य लोग तो वहीं रुक गए होते। अन्य देशों में यही हुआ; मानव-मन तो वहीं पर पहुँचकर न रुक सका; विचारशील और मेधावी मन उससे आगे जाना चाहते थे; पर जो विचारशक्ति में उनसे पिछड़े हुए लोग थे, उन्होंने उन्हें पकड़े रखा और आगे न बढ़ने दिया, किंतु सौभाग्यवश ये हिंदू ऋषिगण ऐसे नहीं थे, जिनकी प्रगति कोई रोक सके, वे तो समस्या को हल करना ही चाहते थे। इसीलिए अब हम देखते हैं कि वे बाह्यजगत् को छोड़, अंतर्जगत् की ओर मुड़ते हैं। सबसे पहले जो बात उनके ध्यान में आई, वह यह थी कि बाह्य

कारीगर सामग्री के बिना मकान नहीं बना सकता; अतः वह उस सामग्री की मर्यादा से मर्यादित है। जिस वस्तु के बनाने योग्य सामग्री उसके पास है, वही तो वह बना सकता है। अतः 'दैवी योजना के अनुसार निर्माण' के सिद्धांत से जो ईश्वर हमें प्राप्त होता है, वह तो अधिक-से-अधिक एक कारीगर मात्र है, इस जगत् का एक समर्याद शिल्पी है। वह उपादान-परतंत्र है, उपादानों से मर्यादित है।

जगत् का अनुभव तथा धर्म-विषयक कोई भी प्रतीति हमें नेत्र अथवा अन्य इंद्रियों द्वारा नहीं होती। अतः पहली समस्या जो उठी, वह थी—उस कमी की खोज और हम देखेंगे, वह कमी भौतिक और नैतिक दोनों ही थी। एक ऋषि कहते हैं कि तुम इस विश्व का कारण नहीं जानते; तुम्हारे और मेरे बीच में बड़ा भारी अंतर उत्पन्न हो गया है; ऐसा क्यों? इसलिए कि तुम इंद्रियपरक बातों की चर्चा करते रहते हो और इंद्रियविषयों तथा केवल धार्मिक विधि-अनुष्ठानों से संतोष मान लेते हो, जबकि मैंने उस द्वंद्वातीत पुरुष को जान लिया है।

मैं आपके सामने आध्यात्मिक विचारों की जिस प्रगति का दिग्दर्शन कराने का प्रयत्न कर रहा हूँ, उसके साथ-साथ मैं उस प्रगति के एक और अंग की ओर कुछ संकेत मात्र कर सकता हूँ; पर उसका हमारे विषय से कोई प्रत्यक्ष संबंध नहीं है, इसलिए मैं उस पर अधिक कहना आवश्यक नहीं समझता। वह है, कर्मकांड की प्रगति। जहाँ आध्यात्मिक विचार समानांतर श्रेणी के न्याय से प्रकट हुए, वहाँ कर्मकांड के विधि-विधान संबंधी विचार समगुणितांतर श्रेणी के न्याय से बढ़ते गए। पुराने अंधविश्वास इस समय तक बढ़कर, विधि-विधानों की एक प्रचंड राशि में परिणत हो गए थे और यह राशि उत्तरोत्तर बढ़ती ही गई; यहाँ तक कि अंत में उसने हिंदू-जीवन को कुचल सा डाला। वह आज भी विद्यमान है और हमें अच्छी तरह से जकड़े हुए है तथा हमारे जीवन के प्रत्येक अंग से ओत-प्रोत होकर उसने हमें जन्म से ही गुलाम बना रखा है। फिर भी, हम साथ-ही-साथ अत्यंत

मैं आपके सामने आध्यात्मिक विचारों की जिस प्रगति का दिग्दर्शन कराने का प्रयत्न कर रहा हूँ, उसके साथ-साथ मैं उस प्रगति के एक और अंग की ओर कुछ संकेत मात्र कर सकता हूँ; पर उसका हमारे विषय से कोई प्रत्यक्ष संबंध नहीं है, इसलिए मैं उस पर अधिक कहना आवश्यक नहीं समझता। वह है, कर्मकांड की प्रगति।

प्राचीन काल से ही इस कर्मकांड की प्रगति के विरोध में आवाजें उठती पाते हैं। वहाँ इस कर्मकांड के विरोध में एक बड़ी भारी आपत्ति यह उठाई गई है कि विधि-अनुष्ठानों की रुचि, विशिष्ट समय में विशिष्ट वस्त्र का परिधान, विशिष्ट प्रकार के भोजन करने की रीति तथा इसी प्रकार के धार्मिक स्वाँग और आडंबर धर्म के केवल बाहरी रूप हैं; क्योंकि तुम इंद्रियों में ही संतोष मान लेते हो और उनके परे जाना नहीं चाहते।

एक व्यक्ति वेदांत, ईश्वर और इंद्रियातीत विषयों के संबंध में श्रवण करता है और कई दिनों तक सुनने के पश्चात् पूछता यह है कि आखिर इन सबसे धन कितना मिलेगा, इंद्रिय-सुख कितना मिलेगा? कारण, स्वाभाविक ही उसका सुख-भोग केवल इंद्रियों में ही रहता है, पर हमारे ऋषि तो यह कहते हैं कि इंद्रियजन्य सुख में ही तृप्त रहना उन कारणों में से एक है, जिन्होंने सत्य और हमारे बीच एक परदा सा डाल दिया है।

हमारे तथा प्रत्येक मनुष्य के लिए यही तो भारी कठिनाई है! जब हम आध्यात्मिक विषयों की चर्चा सुनते हैं, तब हम अधिक-से-अधिक क्या कहते हैं? इंद्रियों के वृत्त में ही हमारा आदर्श सीमित रहता है और उसी के मानदंड से हम उन सबकी माप-जोख करते हैं। एक व्यक्ति वेदांत, ईश्वर और इंद्रियातीत विषयों के संबंध में श्रवण करता है और कई दिनों तक सुनने के पश्चात् पूछता यह है कि आखिर इन सबसे धन कितना मिलेगा, इंद्रिय-सुख कितना मिलेगा? कारण, स्वाभाविक ही उसका सुख-भोग केवल इंद्रियों में ही रहता है, पर हमारे ऋषि तो यह कहते हैं कि इंद्रियजन्य सुख में ही तृप्त रहना उन कारणों में से एक है, जिन्होंने सत्य और हमारे बीच एक परदा सा डाल दिया है।

कर्मकांड में रुचि, इंद्रियों में तृप्ति तथा विविध मत-मतांतरों की कल्पनाओं ने हमारे और सत्य के बीच एक आवरण डाल रखा है।

हिंदुओं के आध्यात्मिक विचारों की प्रगति में यह दूसरी महान् घटना है। हमें इस आदर्श का पता अंत तक लगाना होगा और देखना होगा कि आगे चलकर वेदांत के अंतर्गत माया के अद्भुत सिद्धांत में उसका किस प्रकार विकास हुआ, किस तरह इस आवरण के सिद्धांत ने वेदांत की यथार्थ मीमांसा हमारे सामने रखी और किस प्रकार यह जाना गया कि सत्य तो चिरकाल से ही विद्यमान था, केवल इस आवरण ने ही उसे ढक रखा था।

इस तरह हम देखते हैं कि इन प्राचीन आर्य-मनीषियों की विचारधारा ने नई दिशा पकड़ी। वे जान गए कि उनके प्रश्न का यथोचित् समाधान बाह्यजगत् में किसी की खोज से नहीं मिल सकता। वे चाहे युगों तक बाहरी जगत् में ढूँढ़ते रहें, पर उनके प्रश्नों का उत्तर उससे नहीं मिल सकता। इसीलिए उन्होंने इस दूसरे उपाय का अवलंबन किया। इससे उन्होंने यह सीखा कि विषय-भोग की इन इच्छाओं ने तथा विधि-अनुष्ठानों की इन कामनाओं एवं धर्म के बाह्य आडंबरों ने उनके और सत्य के बीच में आवरण डाल दिया है तथा यह आवरण किसी कर्मानुष्ठान द्वारा हटाया नहीं जा सकता। तब तो उन्हें अपने ही मन की ओर लौटना पड़ा और अपने में सत्य की खोज करने के लिए अपने मन का ही विश्लेषण करना पड़ा। बहिर्जगत् अक्षम रहा, इसलिए वे अंतर्जगत् की ओर झुके और तभी वेदांत का सच्चा तत्त्वज्ञान उत्पन्न हुआ। यहीं से वेदांत के तत्त्वज्ञान का आरंभ होता है। यही वेदांत-दर्शन की

इस तरह हम देखते हैं कि इन प्राचीन आर्य-मनीषियों की विचारधारा ने नई दिशा पकड़ी। वे जान गए कि उनके प्रश्न का यथोचित् समाधान बाह्यजगत् में किसी की खोज से नहीं मिल सकता। वे चाहे युगों तक बाहरी जगत् में ढूँढते रहें, पर उनके प्रश्नों का उत्तर उससे नहीं मिल सकता। इसीलिए उन्होंने इस दूसरे उपाय का अवलंबन किया।

नींव है। जैसे-जैसे हम आगे बढ़ते हैं, वैसे-वैसे हम देखते हैं कि उसका संपूर्ण अनुसंधान अंतर्जगत् में है।

बिल्कुल प्रारंभ से ही वे यह घोषित करते से दिखते हैं कि सत्य को किसी धर्मविशेष में मत खोजो, वह तो यहीं, मनुष्य की आत्मा में ही है; यह आत्मा अत्यद्भुत है, समस्त ज्ञान का भंडार है, संपूर्ण सत्ता की खानि है—इस चित्स्वरूप, सत्स्वरूप आत्मा में ही उस सत्य की खोज करो; जो यहाँ नहीं है, वह यहाँ (बाह्यजगत् में) हो ही नहीं सकता। क्रमशः उन्होंने यह ढूँढ़ निकाला कि जो कुछ बाहर है, वह भीतरी वस्तु का, बहुत हुआ तो एक अस्पष्ट प्रतिबिंब मात्र है। हम देखेंगे कि किस प्रकार ईश्वर संबंधी उस पुरानी कल्पना को लेकर उन्होंने उसका संस्कार किया, किस प्रकार वे विश्व के बाहर रहनेवाले विश्व के उस नियामक को मानो पकड़कर पहले विश्व के भीतर ले आए।

बिल्कुल प्रारंभ से ही वे यह घोषित करते से दिखते हैं कि सत्य को किसी धर्मविशेष में मत खोजो, वह तो यहीं, मनुष्य की आत्मा में ही है; यह आत्मा अत्यद्भुत है, समस्त ज्ञान का भंडार है, संपूर्ण सत्ता की खानि है—इस चित्स्वरूप, सत्स्वरूप आत्मा में ही उस सत्य की खोज करो; जो यहाँ नहीं है, वह यहाँ (बाह्यजगत् में) हो ही नहीं सकता।

वह ईश्वर जगत् के बाहर नहीं है, वरन् उसके अंदर ही है और वहाँ से वे उसे अपने हृदय में ले गए। वह यहाँ, मनुष्य के हृदय में विराजमान है, वह हमारी आत्मा की भी आत्मा है, हमारी वास्तविक सत्ता है।

वेदांत-दर्शन के यथार्थ स्वरूप का ठीक-ठीक ज्ञान प्राप्त करने के लिए कई महत्त्वपूर्ण विचारों को समझना आवश्यक है। प्रथम तो यह कि वह उस अर्थ में दर्शनशास्त्र नहीं है, जिस अर्थ में हम 'कैंट' और 'हेगेल' के दर्शनशास्त्र की चर्चा करते हैं। वह न तो एक ग्रंथ है और न किसी एक व्यक्ति की कृति ही। विभिन्न कालों में लिखित ग्रंथों की एक श्रेणी

का नाम वेदांत है। कभी-कभी तो इनमें से एक में ही पचासों भिन्न-भिन्न विषय दिखाई देंगे। वे क्रमबद्ध रूप में संकलित भी नहीं हैं; मानो विचारों की टिप्पणियाँ ढक ली गई हों। कहीं-कहीं तो बहुत से अन्य विषयों के बीच में हम कोई अद्‌भुत विचार पा जाते हैं, पर एक बात उल्लेखनीय है कि उपनिषदों के ये विचार सदा प्रगतिशील पाए जाते हैं। उस पुरानी अनगढ़ भाषा में, प्रत्येक ऋषि के मन की विचार-क्रियाएँ जैसी-जैसी होती गईं, उसी क्रम से उसी समय मानो चित्रित कर दी गई हों। पहले तो ये विचार बहुत ही अनगढ़ रहते हैं और तत्पश्चात् क्रमशः सूक्ष्म और सूक्ष्मतर होते हुए, अंत में वेदांत के लक्ष्य को पहुँच जाते हैं और इस परिणति को दार्शनिक स्वरूप प्राप्त हो जाता है। प्रारंभ में वह द्युतिमान देवों की खोज रही, फिर विश्व के आदि कारण की खोज की गई और फिर उसी खोज को सब वस्तुओं के उस एकत्व-रूप शोध का अधिक तात्त्विक एवं स्पष्ट स्वरूप प्राप्त हो जाता है, जिसके 'ज्ञान से अन्य समस्त वस्तुएँ ज्ञात हो जाती हैं।'

□

हिंदू धर्म और उसके सामान्य आधार

यह वही भूमि है, जो पवित्र आर्यावर्त्त में भी पवित्रतम मानी जाती है; यह वही ब्रह्मावर्त है, जिसका उल्लेख हमारे महर्षि मनु ने किया है। यह वही भूमि है, जहाँ से आत्मतत्त्व के ज्ञान के लिए आकांक्षा और अनुराग का वह प्रबल स्रोत प्रवाहित हुआ है, जो आनेवाले युगों में जैसा कि इतिहास दरशाता है, संसार को अपनी बाढ़ से सराबोर करनेवाला है। यह वही भूमि है, जहाँ से उसकी वेगवती नद-नदियों के समान, चारों ओर विभिन्न आधारों में प्रबल धर्मानुराग विभिन्न रूप से उत्पन्न हुआ और धीरे-धीरे एक आधार में मिश्रित हो, शक्तिसंपन्न होकर अंत में संसार की चारों दिशाओं में फैल गया तथा वज्र-गंभीर ध्वनि से अपनी महान् शक्ति की घोषणा समस्त जगत् में कर दी। यह वही वीरभूमि है, जिसे भारत पर चढ़ाई करनेवाले शत्रुओं का आघात सबसे पहले सहना पड़ा था। आर्यावर्त्त में घुसनेवाली बाहरी बर्बर जातियों के प्रत्येक हमले का सामना इसी वीरभूमि को अपनी छाती खोलकर करना पड़ा था। यह वही भूमि है, जिसने इतनी आपत्तियाँ झेलने के बाद भी अब तक अपने गौरव और तेज को एकदम खोया नहीं है। यह वही भूमि है, जहाँ आगे चलकर दयालु नानक ने अपने अद्भुत विश्व प्रेम का अद्भुत उपदेश दिया; जहाँ

उन्होंने अपना विशाल हृदय खोलकर सारे संसार को, केवल हिंदुओं को ही नहीं, वरन् मुसलमानों को भी गले लगाने के लिए अपने हाथ फैलाए। यहीं पर हमारी जाति के महान् तेजस्वी अंतिम गुरु गुरु गोविंदसिंह ने जन्म लिया एवं धर्म की रक्षा के लिए अपना एवं अपने प्राणप्रिय कुटुंबियों का रक्त बहा दिया और जिनके लिए यह खून की नदी बहाई गई, उन लोगों ने भी जब उनका साथ छोड़ दिया, तब वे मर्माहत सिंह की भाँति चुपचाप दक्षिण-देश में निर्जन वास के लिए चले गए और अपने देशभाइयों के प्रति अधरों पर एक भी कटु वचन न लाकर, तनिक भी असंतोष प्रकट न कर, शांतभाव से इहलोक छोड़कर चले गए।

हे पंचनद देशवासी भाइयो! यहाँ अपनी इस प्राचीन पवित्र भूमि में तुम लोगों के सामने मैं आचार्य के रूप में नहीं खड़ा हुआ हूँ; कारण, तुम्हें शिक्षा देने योग्य ज्ञान मेरे पास बहुत ही थोड़ा है। मैं तो पूर्वी प्रांत से अपने पश्चिमी भाइयों के पास इसीलिए आया हूँ कि उनके साथ हृदय खोलकर वार्त्तालाप करूँ, उन्हें अपने अनुभव बताऊँ और उनके अनुभवों से स्वयं लाभ उठाऊँ।

हे पंचनद देशवासी भाइयो! यहाँ अपनी इस प्राचीन पवित्र भूमि में तुम लोगों के सामने मैं आचार्य के रूप में नहीं खड़ा हुआ हूँ; कारण, तुम्हें शिक्षा देने योग्य ज्ञान मेरे पास बहुत ही थोड़ा है। मैं तो पूर्वी प्रांत से अपने पश्चिमी भाइयों के पास इसीलिए आया हूँ कि उनके साथ हृदय खोलकर वार्त्तालाप करूँ, उन्हें अपने अनुभव बताऊँ और उनके अनुभवों से स्वयं लाभ उठाऊँ। मैं यहाँ यह देखने नहीं आया कि हमारे बीच क्या-क्या मतभेद हैं, वरन् मैं तो यह खोजने आया हूँ कि वह कौन सा आधार है, जिस पर हम लोग आपस में सदा के लिए भाई-भाई का नाता बनाए रख सकते हैं; किस भित्ति पर प्रतिष्ठित होने से वह वाणी, जो अनंत काल से हमें आशा का संदेश सुनाती आ रही है, उत्तरोत्तर अधिक प्रबल होती रहेगी।

मैं यहाँ आपके सामने कुछ रचनात्मक कार्यक्रम रखने आया हूँ, ध्वंसात्मक नहीं। कारण, समालोचना के दिन अब चले गए और आज हम रचनात्मक कार्य करने के लिए उत्सुक हैं। यह सत्य है कि संसार को समय-समय पर समालोचना की जरूरत हुआ करती है, यहाँ तक कि कठोर समालोचना की भी; पर वह केवल अल्पकाल के लिए ही होती है। हमेशा के लिए तो उन्नतिकारी और रचनात्मक कार्य ही वांछित होते हैं, निंदा करना या नष्ट-भ्रष्ट करना नहीं। लगभग पिछले सौ वर्षों से हमारे इस देश में सर्वत्र समालोचना की बाढ़ सी आ गई है, देश के सभी अंधकारमय प्रदेशों पर पाश्चात्य विज्ञान का तीव्र प्रकाश डाला गया है, जिससे लोगों की दृष्टि अन्य स्थानों की अपेक्षा ओने-कोने और गली-कूचों की ओर ही अधिक खिंच गई है।

मैं यहाँ आपके सामने कुछ रचनात्मक कार्यक्रम रखने आया हूँ, ध्वंसात्मक नहीं। कारण, समालोचना के दिन अब चले गए और आज हम रचनात्मक कार्य करने के लिए उत्सुक हैं। यह सत्य है कि संसार को समय-समय पर समालोचना की जरूरत हुआ करती है, यहाँ तक कि कठोर समालोचना की भी; पर वह केवल अल्पकाल के लिए ही होती है।

इस देश में सर्वत्र महान् और तेजस्वी मेधासंपन्न पुरुषों का जन्म हुआ, जिनके हृदय में सत्य और न्याय के प्रति प्रबल अनुराग था, जिनके अंत:करण में अपने देश के लिए और सबसे बढ़कर ईश्वर तथा अपने धर्म के लिए अगाध प्रेम था। स्वदेश के लिए इन महापुरुषों के प्राण कातर हो उठते थे, देश की दुर्दशा देखकर उनका हृदय रो उठता था, इसलिए वे जिस बात को गलत समझते, उसकी तीव्र आलोचना करते थे। अतीतकालीन इन महापुरुषों की जय हो! उन्होंने देश का बहुत ही कल्याण किया है, पर आज हमें एक महावाणी सुनाई दे रही है, "बस करो, बस करो!" निंदा पर्याप्त हो चुकी, दोष-दर्शन

बहुत हो चुका! अब तो पुनर्निर्माण का, फिर से संगठन करने का समय आ गया है। अब अपनी समस्त बिखरी हुई शक्तियों को एक करने का, उन सबको एक ही केंद्र में लाने का और उस सम्मिलित शक्ति द्वारा देश को प्राय: सदियों से रुकी हुई उन्नति के मार्ग में अग्रसर करने का समय आ गया है। घर की सफाई हो चुकी है। अब आवश्यकता है, उसे नए सिरे से आबाद करने की। रास्ता साफ कर दिया गया है। आर्य-संतानो, अब आगे बढ़ो!

सज्जनो! इसी उद्देश्य से प्रेरित होकर मैं आपके सामने आया हूँ और आरंभ में ही यह प्रकट कर देना चाहता हूँ कि मैं किसी दल या विशिष्ट संप्रदाय का नहीं हूँ। सभी दल और सभी संप्रदाय मेरे लिए महान् और महिमामय हैं। मैं उन सबसे प्रेम करता हूँ और अपने जीवन भर मैं यही ढूँढ़ने का प्रयत्न करता रहा कि उनमें कौन-कौन सी बातें अच्छी और सच्ची हैं। इसीलिए आज मैंने संकल्प किया है कि तुम लोगों के सामने उन बातों को पेश करूँ, जिनमें हम एकमत हैं, जिससे कि हमें एकता की सम्मिलन-भूमि प्राप्त हो जाए और यदि ईश्वर की दया से यह संभव हो, तो आओ, हम इसे ग्रहण करें और उसे सिद्धांत की सीमाओं से बाहर निकाल, कार्यरूप में परिणत कर डालें।

सज्जनो! इसी उद्देश्य से प्रेरित होकर मैं आपके सामने आया हूँ और आरंभ में ही यह प्रकट कर देना चाहता हूँ कि मैं किसी दल या विशिष्ट संप्रदाय का नहीं हूँ। सभी दल और सभी संप्रदाय मेरे लिए महान् और महिमामय हैं। मैं उन सबसे प्रेम करता हूँ और अपने जीवन भर मैं यही ढूँढ़ने का प्रयत्न करता रहा कि उनमें कौन-कौन सी बातें अच्छी और सच्ची हैं।

हम लोग हिंदू हैं। मैं 'हिंदू' शब्द का प्रयोग किसी बुरे अर्थ में नहीं कर रहा हूँ और मैं उन लोगों से कदापि सहमत नहीं, जो उससे कोई बुरा अर्थ समझते हों। प्राचीन काल में उस शब्द का अर्थ था—'सिंधु

नद के दूसरी ओर बसनेवाले लोग।' हमसे घृणा करनेवाले बहुतेरे लोग आज उस शब्द का कुत्सित अर्थ भले ही लगाते हों, पर केवल नाम में क्या धरा है? यह तो हम पर ही पूर्णतया निर्भर है कि 'हिंदू' नाम ऐसी प्रत्येक वस्तु का द्योतक रहे, जो महिमामय है, आध्यात्मिक है, अथवा वह कलंक का समानार्थी रहे, जो एक पददलित, निकम्मी और धर्मभ्रष्ट जाति का सूचक हो।

यदि आज 'हिंदू' शब्द का कोई बुरा अर्थ है, तो उसकी परवाह मत करो। आओ, अपने कार्यों और आचरणों द्वारा यह दिखाने को तैयार हो जाओ कि समग्र संसार की कोई भी भाषा इससे ऊँचे, इससे महान् शब्द का आविष्कार नहीं कर सकी है। मेरे जीवन की यह नीति रही है कि मैं अपने पूर्वजों की संतान कहलाने में लज्जित नहीं होता।

यदि आज 'हिंदू' शब्द का कोई बुरा अर्थ है, तो उसकी परवाह मत करो। आओ, अपने कार्यों और आचरणों द्वारा यह दिखाने को तैयार हो जाओ कि समग्र संसार की कोई भी भाषा इससे ऊँचे, इससे महान् शब्द का आविष्कार नहीं कर सकी है। मेरे जीवन की यह नीति रही है कि मैं अपने पूर्वजों की संतान कहलाने में लज्जित नहीं होता। मुझ जैसा गर्वी मानव इस संसार में शायद ही हो, पर मैं यह स्पष्ट रूप से बता देना चाहता हूँ कि यह गर्व मुझे अपने स्वयं के गुण या शक्ति के कारण नहीं, वरन् अपने पूर्वजों के गौरव के कारण है। जितना ही मैंने अतीत का अध्ययन किया है, जितनी ही मैंने भूतकाल की ओर दृष्टि डाली है, उतना ही यह गर्व मुझमें अधिक आता गया है, उससे मुझे श्रद्धा की दृढ़ता और साहस प्राप्त हुआ है, उसने मुझे धरती की धूलि से ऊपर उठाया है और मैं अपने उन महान् पूर्वजों के निश्चित किए हुए कार्यक्रम के अनुसार कार्य करने को प्रेरित हुआ हूँ।

ऐ उन्हीं प्राचीन आर्यों की संतानो! ईश्वर करे, तुम लोगों के हृदय

में भी वही गर्व आविर्भूत हो जाए, अपने पूर्वजों के प्रति वही विश्वास तुम लोगों के रक्त में भी दौड़ने लगे, वह तुम्हारी रग-रग से मिलकर एक हो जाए और संसार के उद्धार के लिए कार्यशील हो!

भाइयो! यह पता लगाने के पहले कि हम ठीक किस बात में एकमत हैं तथा हमारे जातीय जीवन का सामान्य आधार क्या है, हमें एक बात स्मरण रखनी होगी। जैसे प्रत्येक मनुष्य का एक व्यक्तित्व होता है, ठीक उसी तरह प्रत्येक जाति का भी एक-एक व्यक्तित्व होता है। जिस प्रकार एक व्यक्ति कुछ विशिष्ट बातों में, अपने विशिष्ट लक्षणों में अन्य व्यक्तियों से पृथक् होता है, उसी प्रकार एक जाति भी कुछ विशिष्ट लक्षणों में दूसरी जाति से भिन्न हुआ करती है और जिस प्रकार प्रकृति द्वारा नियमित कार्य में किसी विशेष उद्‌देश्य की पूर्ति करना प्रत्येक मनुष्य का जीवन-कार्य होता है, जिस प्रकार अपने पूर्व-कर्म द्वारा निर्धारित विशिष्ट मार्ग से उस मनुष्य को चलना पड़ता है, ठीक उसी प्रकार की अवस्था जातियों की भी है। प्रत्येक जाति को किसी-न-किसी दैव-निर्दिष्ट मार्ग से जाना पड़ता है, उसे संसार में एक संदेश देना पड़ता है तथा कुछ-न-कुछ व्रतविशेष का उद्यापन करना होता है। अतः आरंभ से ही हमें यह समझ लेना चाहिए कि हमारी जाति का वह व्रत क्या है, विधाता ने उसे किस कार्य के लिए नियुक्त किया है, विभिन्न जातियों की पृथक्-पृथक् उन्नति और अधिकार में हमें कौन सा स्थान ग्रहण करना है, विभिन्न जातीय स्तरों की समरसता में हमें कौन सा स्वर अलापना है।

भाइयो! यह पता लगाने के पहले कि हम ठीक किस बात में एकमत हैं तथा हमारे जातीय जीवन का सामान्य आधार क्या है, हमें एक बात स्मरण रखनी होगी। जैसे प्रत्येक मनुष्य का एक व्यक्तित्व होता है, ठीक उसी तरह प्रत्येक जाति का भी एक-एक व्यक्तित्व होता है।

हम अपने देश में बचपन में यह किस्सा सुना करते हैं कि कुछ

सर्पों के फन में मणि होती है और जब तक मणि वहाँ है, तब तक तुम सर्प को मारने का कोई भी उपाय करो, वह नहीं मर सकता। हम लोगों ने किस्से-कहानियों में दैत्यों और दानवों की बातें पढ़ी हैं। उनके प्राण 'हीरामन तोते' के कलेजे में बंद रहते हैं और जब तक उस 'हीरामन तोते' की जान में जान रहेगी, तब तक उस दानव का बाल भी बाँका न होगा, चाहे तुम उसके टुकड़े-टुकड़े ही क्यों न कर डालो। यह बात जातियों के संबंध में भी सत्य है। जातिविशेष का जीवन भी ठीक उसी प्रकार, मानो किसी बिंदु में केंद्रित रहता है, वहीं उस जाति की जातीयता रहती है और जब तक मर्मस्थान पर चोट नहीं पड़ती, तब तक वह जाति मर नहीं सकती।

इस तत्त्व के प्रकाश में हम संसार के इतिहास की उस अद्धितीय एवं सबसे अपूर्व घटना को समझ सकते हैं। हमारी उस श्रद्धासंपन्न जन्मभूमि पर बारंबार बर्बर जातियों के आक्रमणों की बौछार होती रही है। 'अल्ला हो अकबर' के गगन-भेदी नारों से भारत-गगन सदियों तक गूँजता रहा और उस मृत्यु की अनिश्चित छाया प्रत्येक हिंदू के सिर पर मँडराती रही है।

इस तत्त्व के प्रकाश में हम संसार के इतिहास की उस अद्धितीय एवं सबसे अपूर्व घटना को समझ सकते हैं। हमारी उस श्रद्धासंपन्न जन्मभूमि पर बारंबार बर्बर जातियों के आक्रमणों की बौछार होती रही है। 'अल्ला हो अकबर' के गगन-भेदी नारों से भारत-गगन सदियों तक गूँजता रहा और उस मृत्यु की अनिश्चित छाया प्रत्येक हिंदू के सिर पर मँडराती रही है। ऐसा कोई हिंदू न रहा होगा, जिसे पल-पल पर मृत्यु की आशंका न होती रही हो! संसार के इतिहास में इस देश से अधिक दुःख पानेवाला तथा अधिक पराधीनता भोगनेवाला और कौन देश है? पर तो भी, हम जैसे पहले थे, आज भी लगभग वैसे ही बने हुए हैं, आज भी हम आवश्यकता पड़ने पर बारंबार विपत्तियों का सामना करने को तैयार हैं और इतना ही

नहीं, हाल में ऐसे भी चिह्न दिखाई दिए हैं कि हम केवल शक्तिमान ही नहीं, वरन् बाहर जाकर दूसरों को अपना भाव देने के लिए भी उद्यत हैं; कारण, विस्तार ही जीवन का चिह्न है।

हम आज देखते हैं कि हमारे भाव और चिंतन भारत की सरहदों के अंदर ही घिरे हुए नहीं हैं, बल्कि वे तो, हम चाहें या न चाहें, भारत के बाहर बढ़ रहे हैं, अन्य देशों के साहित्य में प्रविष्ट हो रहे हैं, उन देशों में अपना स्थान प्राप्त कर रहे हैं और इतना ही नहीं, कहीं-कहीं तो वे आदेशदाता गुरु के आसन तक पहुँच गए हैं। इसका कारण यही है कि संसार की संपूर्ण उन्नति-समष्टि में भारत का दान सबसे श्रेष्ठ रहा है; क्योंकि उसने संसार को ऐसे दर्शन एवं धर्म का दान दिया है, जो मानव-मन को व्याप्त रखनेवाले सारे विषयों में महत्तम और सबसे श्रेष्ठ है। हमारे पूर्वजों ने बहुतेरे अन्य प्रयोग किए। हम सब यह जानते हैं कि अन्यान्य जातियों के समान वे भी पहले बहिर्जगत् के रहस्य के अन्वेषण में लग गए और अपनी विशाल प्रतिभा से वह महान् जाति, प्रयत्न करने पर, उस दिशा में ऐसे-ऐसे अद्भुत आविष्कार कर दिखाती, जो समस्त संसार ने अभी तक स्वप्न में भी नहीं देखे हैं, पर उन्होंने इस पथ को किसी उच्चतर ध्येय की प्राप्ति के लिए छोड़ दिया।

हम आज देखते हैं कि हमारे भाव और चिंतन भारत की सरहदों के अंदर ही घिरे हुए नहीं हैं, बल्कि वे तो, हम चाहें या न चाहें, भारत के बाहर बढ़ रहे हैं, अन्य देशों के साहित्य में प्रविष्ट हो रहे हैं, उन देशों में अपना स्थान प्राप्त कर रहे हैं और इतना ही नहीं, कहीं-कहीं तो वे आदेशदाता गुरु के आसन तक पहुँच गए हैं।

वेद के पृष्ठों से उसी महान् ध्येय की प्रतिध्वनि सुनाई देती है, "सा परा यया तदक्षरमधिगम्यते!" यानी वही परा विद्या है, जिससे हमें उस अविनाशी पुरुष की प्राप्ति होती है। इस परिवर्तनशील, नश्वर प्रकृति

संबंधी विद्या—मृत्यु, दुःख और शोक से भरे इस जगत् संबंधी विद्या बहुत बड़ी भले ही हो; परंतु जो अपरिणामी एवं आनंदमय है, जो चिर शांति का निधान है, जो शाश्वत जीवन और पूर्णत्व का एकमात्र आश्रय-स्थान है, एकमात्र जहाँ ही सारे दुःखों का अवसान होता है, उस ईश्वर से संबंध रखनेवाली विद्या ही हमारे पूर्वजों की राय में सबसे श्रेष्ठ और उदात्त थी। हमारे पूर्वज यदि चाहते तो ऐसे विज्ञानों का अन्वेषण सहज ही कर सकते थे, जो हमें केवल अन्न, वस्त्र और अपने साथियों पर आधिपत्य दे सकते हैं, जो हमें केवल दूसरों पर विजय प्राप्त करना और उन पर प्रभुत्व करना सिखाते हैं, जो बली को निर्बल पर हुकूमत करने की शिक्षा देते हैं, पर उस परमेश्वर की अपार दया से हमारे पूर्वजों ने उस ओर बिल्कुल ध्यान न देकर एकदम दूसरी दिशा पकड़ी, जो पूर्वोक्त मार्ग से अनंत गुनी श्रेष्ठ और महान् थी, जिसमें पूर्वोक्त पथ की अपेक्षा अनंत गुना आनंद था। इस मार्ग को अपनाकर, वे ऐसी अनन्य निष्ठा के साथ उस पर अग्रसर हुए कि आज वह हमारा जातीय विशेषत्व बन गया है, सहस्रों वर्ष से पिता-पुत्र की उत्तराधिकार परंपरा से आता हुआ आज वह हमारे जीवन से घुल-मिल गया है, हमारी रगों में बहनेवाले रक्त की बूँद-बूँद से मिलकर एक हो गया है, वह मानो हमारा दूसरा स्वभाव ही बन गया है, यहाँ तक कि आज 'धर्म' और 'हिंदू' ये दो शब्द समानार्थी हो गए हैं। यही हमारी जाति का वैशिष्ट्य है और इस पर कोई आघात नहीं कर सकता।

हमारे पूर्वज यदि चाहते तो ऐसे विज्ञानों का अन्वेषण सहज ही कर सकते थे, जो हमें केवल अन्न, वस्त्र और अपने साथियों पर आधिपत्य दे सकते हैं, जो हमें केवल दूसरों पर विजय प्राप्त करना और उन पर प्रभुत्व करना सिखाते हैं, जो बली को निर्बल पर हुकूमत करने की शिक्षा देते हैं"

बर्बर जातियों ने यहाँ आकर तलवारों और तोपों के बल पर अपने

बर्बर धर्मों का प्रचार किया, पर उनमें से एक भी हमारे मर्मस्थल को स्पर्श न कर सका, सर्प की उस 'मणि' को न छू सका, जातीय जीवन के उस 'हीरामन तोते' को न मार सका। अतएव यही जाति की जीवनी-शक्ति है और वह जब तक अव्याहत है, तब तक संसार में ऐसी कोई ताकत नहीं, जो इस जाति का विनाश कर सके। यदि हम अपनी इस सर्वश्रेष्ठ विरासत आध्यात्मिकता को न छोड़ें, तो संसार के सारे अत्याचार-उत्पीड़न और दुःख हमें बिना चोट पहुँचाए ही निकल जाएँगे और हम लोग दुःख-कष्टाग्नि की उन ज्वालाओं में से प्रह्लाद के समान बिना जले, बाहर निकल आएँगे। यदि कोई हिंदू धार्मिक नहीं है, तो मैं उसे हिंदू ही नहीं कहूँगा। दूसरे देशों में भले ही मनुष्य पहले राजनीतिक हो और फिर धर्म से थोड़ा सा लगाव रखे, पर यहाँ भारत में तो हमारे जीवन का सबसे बड़ा और प्रथम कर्तव्य धर्म का अनुष्ठान है और फिर उसके बाद, यदि अवकाश मिले तो दूसरे विषय भले ही आ जाएँ। इस तथ्य को ध्यान में रखने से हम यह बात अधिक अच्छी तरह समझ सकेंगे कि अपने जातीय हित के लिए हमें आज क्यों सबसे पहले अपनी जाति की समस्त आध्यात्मिक शक्तियों को ढूँढ़ निकालना होगा, जैसा कि अतीत काल में किया गया था और चिरकाल तक किया जाएगा। अपनी बिखरी हुई आध्यात्मिक शक्तियों को एकत्र करना ही भारत में जातीय एकता स्थापित करने का एकमात्र उपाय है, जिनकी हृत्तंत्री एक ही आध्यात्मिक स्वर में बँधी है, उन सबके सम्मिलन से ही भारत में जाति का संगठन होगा।

बर्बर जातियों ने यहाँ आकर तलवारों और तोपों के बल पर अपने बर्बर धर्मों का प्रचार किया, पर उनमें से एक भी हमारे मर्मस्थल को स्पर्श न कर सका, सर्प की उस 'मणि' को न छू सका, जातीय जीवन के उस 'हीरामन तोते' को न मार सका।

सज्जनो, इस देश में पर्याप्त पंथ हुए हैं। आज भी ये पंथ पर्याप्त

संख्या में हैं और भविष्य में भी पर्याप्त संख्या में रहेंगे। कारण, हमारे धर्म के मूल तत्त्व इतने उदार हैं कि यद्यपि पीछे से उसी में से अनेक संप्रदाय फैले हैं और उनकी बहुविध शाखा-प्रशाखाएँ फूटी हैं, तो भी उनके तत्त्व हमारे सिर पर फैले हुए इस अनंत आकाश के समान विशाल हैं, स्वयं प्रकृति की भाँति नित्य और सनातन हैं। अतएव संप्रदायों का होना तो स्वाभाविक ही है, परंतु जिसका होना आवश्यक नहीं है, वह है—इन संप्रदायों के बीच के झगड़े-झमेले। संप्रदाय अवश्य रहें, पर सांप्रदायिकता दूर हो जाए। सांप्रदायिकता से संसार की कोई उन्नति नहीं होगी, पर संप्रदायों के न रहने से संसार का काम नहीं चल सकता। एक ही दल के लोग सब काम नहीं कर सकते। संसार की यह अनंत शक्ति कुछ थोड़े से लोगों से परिचालित नहीं हो सकती। यह बात समझ लेने पर हमारी समझ में यह भी आ जाएगा कि हमारे भीतर किसलिए यह संप्रदाय-भेदरूपी श्रमविभाग अनिवार्य रूप से आ गया है।

> *भिन्न-भिन्न आध्यात्मिक शक्ति-समूहों का परिचालन करने के लिए संप्रदाय कायम रहें, पर इसके लिए हमें एक-दूसरे के साथ लड़ने-झगड़ने की कोई आवश्यकता नहीं दिखाई देती, जब हम देखते हैं कि हमारे प्राचीनतम शास्त्र इस बात की घोषणा कर रहे हैं कि यह सब भेदभाव केवल ऊपर का है, देखने भर का है और इन सारी विभिन्नताओं के बावजूद इनको एक साथ बाँधे रहनेवाला परम मनोहर स्वर्णसूत्र इनके भीतर पिरोया हुआ है।*

भिन्न-भिन्न आध्यात्मिक शक्ति-समूहों का परिचालन करने के लिए संप्रदाय कायम रहें, पर इसके लिए हमें एक-दूसरे के साथ लड़ने-झगड़ने की कोई आवश्यकता नहीं दिखाई देती, जब हम देखते हैं कि हमारे प्राचीनतम शास्त्र इस बात की घोषणा कर रहे हैं कि यह सब भेदभाव केवल ऊपर का है, देखने भर का है और इन सारी विभिन्नताओं

के बावजूद इनको एक साथ बाँधे रहनेवाला परम मनोहर स्वर्णसूत्र इनके भीतर पिरोया हुआ है। हमारे प्राचीनतम शास्त्रों ने घोषणा की है कि "एकं सद्विप्रा बहुधा वदन्ति", विश्व में एक ही वस्तु विद्यमान है, ऋषियों ने उसी एक का भिन्न-भिन्न नामों से वर्णन किया है। अतएव ऐसे भारत में, जहाँ सदा से सभी संप्रदाय समान रूप से सम्मानित होते आए हैं, यदि अब भी संप्रदायों के बीच ईर्ष्या-द्वेष और लड़ाई-झगड़े बने रहें, तो धिक्कार है हमें, जो हम अपने को उन महिमान्वित पूर्वजों के वंशधर बताने का दुस्साहस करें!

महाशयो, मेरा विश्वास है कि कुछ ऐसे महान् तत्त्व हैं, जिन पर हम सब सहमत हैं, जिन्हें हम सभी मानते हैं, चाहे हम वैष्णव हों या शैव, शाक्त हों या गाणपत्य, चाहे प्राचीन वैदांतिक सिद्धांतों को मानते हों या अर्वाचीनों के ही अनुयायी हों, पुरानी लकीर के फकीर हों अथवा नवीन सुधार-संस्कारवादी हों और जो भी अपने को हिंदू कहता है, वह इन तत्त्वों में विश्वास रखता है।

महाशयो, मेरा विश्वास है कि कुछ ऐसे महान् तत्त्व हैं, जिन पर हम सब सहमत हैं, जिन्हें हम सभी मानते हैं, चाहे हम वैष्णव हों या शैव, शाक्त हों या गाणपत्य, चाहे प्राचीन वैदांतिक सिद्धांतों को मानते हों या अर्वाचीनों के ही अनुयायी हों, पुरानी लकीर के फकीर हों अथवा नवीन सुधार-संस्कारवादी हों और जो भी अपने को हिंदू कहता है, वह इन तत्त्वों में विश्वास रखता है। संभव है कि इन तत्त्वों की व्याख्याओं में भेद है और वैसा होना भी चाहिए; क्योंकि हम लोग सबको एक साँचे में नहीं ढाल सकते। हम जिस तरह की व्याख्या करें, सबको वही व्याख्या माननी पड़ेगी अथवा हमारी ही प्रणाली का अनुसरण करना होगा, जबरदस्ती ऐसी चेष्टा करना पाप है। भाइयो, आज यहाँ पर जो लोग एकत्र हुए हैं, शायद वे सभी एक स्वर से यह स्वीकार करेंगे कि हम लोग वेदों को अपने धर्म-रहस्यों का सनातन उपदेश मानते हैं। हम सभी यह विश्वास करते हैं कि

वेदरूपी यह पवित्र शब्दराशि अनादि और अनंत है।

जिस प्रकार प्रकृति का न आदि है, न अंत, उसी प्रकार इसका भी आदि-अंत नहीं है और जब कभी हम इस पवित्र ग्रंथ को स्पर्श करते हैं, तब हमारे धर्म-संबंधी सारे भेदभाव और झगड़े मिट जाते हैं। हमारे धर्म-विषयक जितने भी भेद हैं, उनकी अंतिम मीमांसा करनेवाला यही वेद है। वेद क्या है, इस पर हम लोगों में मतभेद हो सकता है। कोई संप्रदाय वेद के किसी एक अंश को दूसरे अंश से अधिक पवित्र समझ सकता है, पर इससे कुछ बनता-बिगड़ता नहीं, जब तक हम यह विश्वास करते हैं कि वेदों में विश्वासी होने के कारण हम सभी आपस में भाई-भाई हैं तथा उन सनातन, पवित्र और अपूर्व ग्रंथों से ही ऐसी प्रत्येक पवित्र, महान् और उत्तम वस्तु का उद्‍भव हुआ है, जिसके कि हम आज अधिकारी हैं। अच्छा, यदि हमारा ऐसा ही विश्वास है, तो फिर सबसे पहले इसी तत्त्व का भारतवर्ष में सर्वत्र प्रचार किया जाए। यदि यही सत्य है, तो फिर वेद चिरकाल ही जिस प्राधान्य के अधिकारी हैं तथा वेदों के जिस प्राधान्य में हम लोग भी विश्वास करते हैं, वह प्रधानता वेदों को दी जाए। अतः हम सबकी प्रथम मिलन-भूमि है 'वेद'।

जिस प्रकार प्रकृति का न आदि है, न अंत, उसी प्रकार इसका भी आदि-अंत नहीं है और जब कभी हम इस पवित्र ग्रंथ को स्पर्श करते हैं, तब हमारे धर्म-संबंधी सारे भेदभाव और झगड़े मिट जाते हैं। हमारे धर्म-विषयक जितने भी भेद हैं, उनकी अंतिम मीमांसा करनेवाला यही वेद है।

दूसरी मिलन-भूमि है 'ईश्वर में विश्वास'। हम सभी ईश्वर में, अर्थात् संसार की उस सृष्टि-स्थिति-लयकारिणी शक्ति में विश्वास करते हैं, जिसमें यह सारा चराचर कल्पांत में लय होकर दूसरे कल्प के आरंभ में पुनः जगत्-प्रपंच रूप से बाहर निकल आता है। हमारी ईश्वर-विषयक कल्पना भिन्न-भिन्न प्रकार की हो सकती है, कुछ लोग ईश्वर को संपूर्ण

सगुण रूप में, कुछ उन्हें सगुण तथापि अमानवभावापन्न रूप में और कुछ उन्हें संपूर्ण निर्गुण रूप में ही मान सकते हैं और सभी अपनी-अपनी धारणा की पुष्टि में वेद के प्रमाण भी दे सकते हैं, पर इन सब विभिन्नताओं के होते हुए भी हम सभी ईश्वर में विश्वास करते हैं। इसी बात को दूसरे शब्दों में ऐसा भी कह सकते हैं कि जिससे यह सकल चराचर उत्पन्न हुआ है, जिसके अवलंब से वह जीवित है और अंत में जिसमें होकर वह फिर से लीन हो जाता है, उस अद्‌भुत शक्ति पर जो विश्वास नहीं करता, वह अपने को हिंदू नहीं कह सकता।

यदि ऐसी बात है तो इस तत्त्व को भी समग्र भारतवर्ष में फैलाने की चेष्टा करनी होगी। तुम इस ईश्वर का चाहे जिस भाव से प्रचार करो, ईश्वर-संबंधी तुम्हारा भाव भले ही मेरे भाव से भिन्न हो, पर हम इसके लिए आपस में झगड़ा नहीं करेंगे। हम चाहते हैं ईश्वर का प्रचार, बस ईश्वर का ही प्रचार, फिर वह किसी भी रूप में क्यों न हो। हो सकता है, ईश्वर-संबंधी इन विभिन्न धारणाओं में कोई धारणा अधिक श्रेष्ठ हो; पर याद रखना, उनमें कोई भी धारणा बुरी नहीं है। उन धारणाओं में कोई उत्कृष्ट, कोई उत्कृष्टतर और कोई उत्कृष्टतम हो सकती है, पर हमारे धर्मतत्त्व की पारिभाषिक शब्दावली में 'बुरा' नाम का कोई शब्द नहीं है। अतएव ईश्वर के नाम का चाहे जो कोई जिस भाव से प्रचार करे, वह निश्चय ही ईश्वर के आशीर्वाद का भाजन होगा। उसके नाम का जितना ही अधिक प्रचार होगा, देश का उतना ही कल्याण होगा। हमारे बच्चे बचपन से ही इस

यदि ऐसी बात है तो इस तत्त्व को भी समग्र भारतवर्ष में फैलाने की चेष्टा करनी होगी। तुम इस ईश्वर का चाहे जिस भाव से प्रचार करो, ईश्वर-संबंधी तुम्हारा भाव भले ही मेरे भाव से भिन्न हो, पर हम इसके लिए आपस में झगड़ा नहीं करेंगे। हम चाहते हैं ईश्वर का प्रचार, बस ईश्वर का ही प्रचार, फिर वह किसी भी रूप में क्यों न हो।

भाव को हृदय में धारण करना सीखें, अत्यंत दरिद्र और नीचातिनीच मनुष्य के घर से लेकर बड़े-से-बड़े धनी-मानी और उच्चतम मनुष्य के घर में भी ईश्वर के शुभ नाम का प्रवेश हो!

प्यारे भाइयो! अब तीसरा तत्त्व मैं आप लोगों के सामने प्रकट करना चाहता हूँ। हम लोग औरों की तरह यह विश्वास नहीं करते कि इस जगत् की सृष्टि केवल कई हजार वर्ष पहले हुई है और एक दिन इसका चिरकाल के लिए ध्वंस हो जाएगा, साथ ही हम यह भी विश्वास नहीं करते कि इसी जगत् के साथ शून्य से जीवात्मा की भी सृष्टि हुई है। मैं समझता हूँ कि इस विषय में भी सारे हिंदू एकमत हो सकते हैं। हमारा विश्वास है कि प्रकृति अनादि और अनंत है; पर हाँ, कल्पांत में यह स्थूल बाह्यजगत् अपनी सूक्ष्म अवस्था को प्राप्त होता है और कुछ काल तक उस सूक्ष्मावस्था में रहकर पुनः बाहर आता है तथा प्रकृति-नामक इस अनंत प्रपंच को प्रकट करता है। यह तरंगाकार गति अनंत काल से, जब स्वयं काल का ही आरंभ नहीं हुआ था, तभी से चल रही है और अनंत काल तक चलती रहेगी।

प्यारे भाइयो! अब तीसरा तत्त्व मैं आप लोगों के सामने प्रकट करना चाहता हूँ। हम लोग औरों की तरह यह विश्वास नहीं करते कि इस जगत् की सृष्टि केवल कई हजार वर्ष पहले हुई है और एक दिन इसका चिरकाल के लिए ध्वंस हो जाएगा, साथ ही हम यह भी विश्वास नहीं करते कि इसी जगत् के साथ शून्य से जीवात्मा की भी सृष्टि हुई है।

पुनः हिंदूमात्र का यह विश्वास है कि मनुष्य केवल यह स्थूल जड़-शरीर ही नहीं है, न ही उसके अभ्यंतरस्थ यह 'मन' नामक सूक्ष्म-शरीर ही प्रकृत मनुष्य है, वरन् प्रकृत मनुष्य तो इन दोनों से अतीत एवं श्रेष्ठ है। कारण, स्थूल-शरीर परिणामी है और मन का भी वही हाल है; परंतु इन दोनों से परे उस 'आत्मा' नामक अनिर्वचनीय वस्तु का न आदि है, न अंत।

मैं इस 'आत्मा' शब्द का अंग्रेजी में अनुवाद नहीं कर सकता, क्योंकि इसके लिए अंग्रेजी में जो भी शब्द उपयोग में लाया जाएगा, वह गलत ही होगा। यह आत्मा 'मृत्यु' नामक अवस्था से परिचित नहीं। इसके सिवाय एक और विशिष्ट बात है, जिसमें हमारे साथ अन्यान्य जातियों का बिल्कुल मतभेद है। वह यह है कि आत्मा एक देह का अंत होने पर दूसरी देह धारण करती है; ऐसा करते-करते वह एक ऐसी अवस्था में पहुँचती है, जब उसे फिर शरीर धारण करने की कोई इच्छा या आवश्यकता नहीं रह जाती; तब वह मुक्त हो जाती है और फिर से कभी जन्म नहीं लेती।

मैं इस 'आत्मा' शब्द का अंग्रेजी में अनुवाद नहीं कर सकता, क्योंकि इसके लिए अंग्रेजी में जो भी शब्द उपयोग में लाया जाएगा, वह गलत ही होगा। यह आत्मा 'मृत्यु' नामक अवस्था से परिचित नहीं। इसके सिवाय एक और विशिष्ट बात है, जिसमें हमारे साथ अन्यान्य जातियों का बिल्कुल मतभेद है।

मेरा तात्पर्य अपने शास्त्रों के संसारवाद या पुनर्जन्मवाद तथा आत्मा के नित्यत्वाद से है। हम चाहे जिस संप्रदाय के हों, पर इस विषय में हम सभी एकमत हैं। इस आत्मा-परमात्मा के पारस्परिक संबंध के बारे में हमारे मत भिन्न-भिन्न हो सकते हैं। एक संप्रदाय आत्मा को परमात्मा से सदा अलग मान सकता है, दूसरे के मत से आत्मा उसी अनंत अग्नि की एक चिनगारी हो सकती है और किसी तीसरे संप्रदाय के मतानुसार, वह उस अनंत से एकरूप और अभिन्न हो सकती है, पर जब तक हम सब लोग इस मूलतत्त्व को मानते हैं, जब तक हम सभी इस बात से एकमत हैं कि आत्मा अनंत है, उसकी सृष्टि कभी नहीं हुई और इसलिए उसका नाश भी कभी नहीं हो सकता, उसे तो भिन्न-भिन्न शरीरों से क्रमशः उन्नति करते-करते अंत में मनुष्य-शरीर धारण कर पूर्णत्व प्राप्त करना होगा, तब तक हम आत्मा एवं परमात्मा के इस

संबंध के विषय में चाहे जैसी व्याख्या क्यों न करें, उससे कुछ बनता-बिगड़ता नहीं।

अब मैं तुम लोगों के समक्ष वह तत्त्व उपस्थित करूँगा, जो प्राच्य और पाश्चात्य भावों में आकाश-पाताल का भेद उत्पन्न कर देता है, जो धर्म-राज्य में सबसे उदात्त और आज तक सबसे अपूर्व आविष्कार रहा है। तुम लोगों में से जिन्होंने पाश्चात्य चिंतन-प्रणाली का अध्ययन किया होगा, उन्होंने संभवतः यह लक्ष्य किया होगा कि एक ऐसा मौलिक प्रभेद है, जो पाश्चात्य विचारों को एक ही चोट में पूर्वीय विचारों से पृथक् कर देता है। वह यह है कि भारत में हम सभी, चाहे हम शाक्त हों या सौर या वैष्णव, चाहे बौद्ध हों या जैन हों, हम सब-के-सब यही विश्वास करते हैं कि आत्मा स्वभावतः शुद्ध, पूर्व, अनंत शक्तिसंपन्न और आनंदमय है। अंतर केवल इतना है कि द्वैतवादियों के मत से आत्मा का वह स्वाभाविक आनंद स्वभाव पिछले बुरे कर्मों के कारण संकुचित हो गया है, ईश्वर के अनुग्रह से वह फिर खिल जाएगा और आत्मा से संकुचित होने की यह धारणा भी अंशतः भ्रमात्मक है, हम तो माया के आवरण के कारण ही ऐसा समझते हैं कि आत्मा अपनी सारी शक्ति गँवा बैठी है, जबकि वास्तव में उसकी समस्त शक्ति तब भी पूर्ण रूप से प्रकाशित रहती है।

अब मैं तुम लोगों के समक्ष वह तत्त्व उपस्थित करूँगा, जो प्राच्य और पाश्चात्य भावों में आकाश-पाताल का भेद उत्पन्न कर देता है, जो धर्म-राज्य में सबसे उदात्त और आज तक सबसे अपूर्व आविष्कार रहा है। तुम लोगों में से जिन्होंने पाश्चात्य चिंतन-प्रणाली का अध्ययन किया होगा...

द्वैत और अद्वैतवादियों के बीच यह अंतर रहने पर भी, वे सभी इस मूल तत्त्व में विश्वास करते हैं कि आत्मा स्वभावतः ही पूर्ण है और यही प्राच्य और पाश्चात्य भावों के बीच एक वज्र दृढ़ दीवार खड़ी कर देता

है। जो कुछ महान् है, जो कुछ शुभ है, प्राच्य जाति उसका अन्वेषण अंदर में करती है। जब हम पूजा-उपासना करते हैं, तब आँखें बंद कर ईश्वर को अंदर ढूँढ़ने का प्रयत्न करते हैं और पाश्चात्य जाति अपने बाहर ही ईश्वर को ढूँढ़ती फिरती है। पाश्चात्यों के धर्म-ग्रंथ श्वास की तरह बाहर से भीतर आए हुए हैं, पर हमारे धर्म-ग्रंथ भीतर से बाहर निकले हुए हैं, ईश्वर-नि:श्वसित है, मंत्रद्रष्टा ऋषियों के हृदय से निकले हैं।

यह एक प्रधान बात है, जिसे अच्छी तरह समझ लेने की आवश्यकता है। प्यारे भाइयो! मैं तुम लोगों को यह बता देता हूँ कि यही बात भविष्य में हमें विशेष रूप से बार-बार बतलानी और समझानी पड़ेगी। कारण, यह मेरा दृढ़ विश्वास है और मैं तुम लोगों से भी यह बात अच्छी तरह समझ लेने को कहता हूँ कि जो व्यक्ति दिन-रात अपने को दीन-हीन या अयोग्य समझे हुए बैठा रहेगा, उसके द्वारा कुछ भी नहीं हो सकता; वास्तव में दिन-दिन वह अपनी उसी कल्पित अवस्था को प्राप्त होता जाएगा।

यह एक प्रधान बात है, जिसे अच्छी तरह समझ लेने की आवश्यकता है। प्यारे भाइयो! मैं तुम लोगों को यह बता देता हूँ कि यही बात भविष्य में हमें विशेष रूप से बार-बार बतलानी और समझानी पड़ेगी। कारण, यह मेरा दृढ़ विश्वास है और मैं तुम लोगों से भी यह बात अच्छी तरह समझ लेने को कहता हूँ कि जो व्यक्ति दिन-रात अपने को दीन-हीन या अयोग्य समझे हुए बैठा रहेगा, उसके द्वारा कुछ भी नहीं हो सकता; वास्तव में दिन-दिन वह अपनी उसी कल्पित अवस्था को प्राप्त होता जाएगा।

यदि तुम कहो कि 'मेरे अंदर शक्ति है', तो तुममें शक्ति जाग उठेगी और यदि तुम सोचो कि 'मैं कुछ नहीं हूँ', दिन-रात यही सोचा करो, तो तुम सचमुच ही 'कुछ नहीं' हो जाओगे। तुम्हें यह महान् तत्त्व सदा स्मरण रखना चाहिए। हम तो उसी सर्वशक्तिमान परम पिता की संतान हैं, उसी

ब्रह्माग्नि की चिनगारियाँ हैं, भला हम 'कुछ नहीं' क्यों कर हो सकते हैं? हम सबकुछ कर सकते हैं, हमें सबकुछ करना ही होगा, हमारे पूर्वजों में ऐसा ही दृढ़ आत्मविश्वास था। इसी आत्मविश्वासरूपी प्रेरणा-शक्ति ने उन्हें सभ्यता की उच्च से उच्चतर सीढ़ी पर चढ़ाया था।

और अब हमारी अवनति हुई हो, हम में दोष आया हो, तो मैं तुमसे सच कहता हूँ, जिस दिन हमारे पूर्वजों ने अपना यह आत्मविश्वास गँवाया, उसी दिन से हमारी यह अवनति, यह दुरवस्था आरंभ हो गई। आत्मविश्वासहीनता का मतलब है—ईश्वर में अविश्वास। क्या तुम्हें विश्वास है कि वही अनंत-मंगलमय विधाता तुम्हारे भीतर से काम कर रहा है? यदि तुम ऐसा विश्वास करो कि वही सर्वव्यापी अंतर्यामी प्रत्येक अणु-परमाणु में, तुम्हारे शरीर, मन और आत्मा में ओत-प्रोत है, तो फिर क्या तुम कभी उत्साह से वंचित रह सकते हो? मैं पानी का एक छोटा सा बुलबुला हो सकता हूँ और तुम एक पर्वतप्राय तरंग, तो इससे क्या? वह अनंत समुद्र जैसा तुम्हारे लिए, वैसा ही मेरे लिए भी आश्रय है। उस प्राण, शक्ति और आध्यात्मिकता के असीम सागर में जैसा तुम्हारा, वैसा ही मेरा भी अधिकार है। मेरे जन्म से ही मुझमें जीवन होने से ही यह प्रमाणित हो रहा है कि तुम्हारे समान मैं भी अनंत जीवन, अनंत शिव और अनंत शक्ति के साथ नित्यसंयुक्त हूँ, फिर तुम पर्वतप्राय ही क्यों न होओ!

और अब हमारी अवनति हुई हो, हम में दोष आया हो, तो मैं तुमसे सच कहता हूँ, जिस दिन हमारे पूर्वजों ने अपना यह आत्मविश्वास गँवाया, उसी दिन से हमारी यह अवनति, यह दुरवस्था आरंभ हो गई। आत्मविश्वासहीनता का मतलब है—ईश्वर में अविश्वास। क्या तुम्हें विश्वास है कि वही अनंत-मंगलमय विधाता तुम्हारे भीतर से काम कर रहा है?

अतएव, भाइयो! तुम अपनी संतानों को उनके जन्म-काल से ही इस

महान् जीवनप्रद, उच्च और उदात्त तत्त्व की शिक्षा देना प्रारंभ कर दो। उन्हें अद्वैतवाद की शिक्षा देने की आवश्यकता नहीं, तुम चाहे द्वैतवाद की शिक्षा दो या जिस किसी 'वाद' की, इससे कुछ बनता-बिगड़ता नहीं। कारण, मैंने यह पहले से ही बता दिया है कि आत्मा की पूर्णता के इस अपूर्व सिद्धांत को सभी संप्रदायवाले समान रूप से मानते हैं। हमारे पूज्य दार्शनिक कपिल महर्षि ने कहा है कि वह पवित्रता को प्राप्त नहीं हो सकती। कारण, जो स्वभावत: पूर्ण नहीं है, वह यदि किसी प्रकार पूर्णता पा भी ले, तो वह पूर्णता उसमें स्थिर भाव से नहीं रह सकती, उससे पुन: चली जाएगी। यदि अपवित्रता ही मनुष्य का स्वभाव हो, तो भले ही वह कुछ समय के लिए पवित्रता प्राप्त कर ले, पर वह सदा के लिए अपवित्र ही बन रहेगा। कभी-न-कभी ऐसा समय आएगा, जब वह पवित्रता ही हमारा स्वभाव होगा, अपवित्रता नहीं; पूर्णता ही हमारा स्वभाव होगा, अपूर्णता नहीं। इस बात को तुम सदा स्मरण रखो। उस महर्षि के सुंदर दृष्टांत को सदैव स्मरण रखो, जो शरीर-त्याग करते समय अपने मन से अपने किए हुए उत्कृष्ट कार्यों और उच्च विचारों का स्मरण करने के लिए कहते हैं।

अतएव, भाइयो! तुम अपनी संतानों को उनके जन्म-काल से ही इस महान् जीवनप्रद, उच्च और उदात्त तत्त्व की शिक्षा देना प्रारंभ कर दो। उन्हें अद्वैतवाद की शिक्षा देने की आवश्यकता नहीं, तुम चाहे द्वैतवाद की शिक्षा दो या जिस किसी 'वाद' की, इससे कुछ बनता-बिगड़ता नहीं।

देखो, उन्होंने अपने मन से अपने दोषों और दुर्बलताओं की याद करने के लिए नहीं कहा है। यह सच है कि मनुष्य में दोष हैं, दुर्बलताएँ हैं; पर तुम सर्वदा अपने वास्तविक स्वरूप का स्मरण करो, बस यही इन दोषों और दुर्बलताओं के दूर करने का अमोघ उपाय है।

सज्जनो, मैं समझता हूँ कि मैंने ऊपर जो कतिपय तत्त्व बतलाए

हैं, उन्हें भारतवर्ष के सभी भिन्न-भिन्न संप्रदायवाले स्वीकार करते हैं और संभवतः भविष्य में इसी सर्व-स्वीकृत आधार पर समस्त संप्रदायों के लोग, वे उदार हों या कट्टर, पुरानी लकीर के फकीर हों या नई रोशनीवाले, सभी-के-सभी सम्मिलित होंगे, पर सबसे बढ़कर एक बात और है, जिसे हमें हरदम याद रखना चाहिए। वह यह है कि भारत में धर्म का तात्पर्य है—'प्रत्यक्ष अनुभूति'। मुझे दुःख के साथ कहना पड़ता है कि हम यह महत्त्वपूर्ण तत्त्व समय-समय पर भूल जाते हैं। यदि धर्म में यह प्रत्यक्षानुभूति न हो, तो वह वास्तव में 'धर्म' कहलाने योग्य नहीं है। हमें ऐसी बात कोई नहीं सिखा सकता कि 'यदि तुम इस मत को स्वीकार करो, तो तुम्हारा उद्धार हो जाएगा।' कारण, हम इस बात पर विश्वास करते ही नहीं। तुम अपने को जैसा बनाओगे, अपने को जैसे साँचे में ढालोगे, वैसे ही बनोगे। तुम जो कुछ हो, जैसे हो, वह ईश्वर की कृपा और अपने प्रयत्न से बने हो।

किसी मतामत में विश्वास करने से तुम्हारा कोई विशेष उपकार नहीं होगा। 'अनुभूति', 'अनुभूति' की यह महती शक्तिमयी वाणी भारत के ही आध्यात्मिक गगनमंडल से आविर्भूत हुई है और एकमात्र हमारे ही शास्त्रों ने यह बारंबार कहा है कि "ईश्वर के 'दर्शन' करने होंगे।"

किसी मतामत में विश्वास करने से तुम्हारा कोई विशेष उपकार नहीं होगा। 'अनुभूति', 'अनुभूति' की यह महती शक्तिमयी वाणी भारत के ही आध्यात्मिक गगनमंडल से आविर्भूत हुई है और एकमात्र हमारे ही शास्त्रों ने यह बारंबार कहा है कि "ईश्वर के 'दर्शन' करने होंगे।" यह बात बड़े साहस की है, इसमें संदेह नहीं; पर उसका लेशमात्र भी मिथ्या नहीं है, वह अक्षरशः सत्य है, धर्म की प्रत्यक्ष अनुभूति करनी होगी, केवल सुनने से काम न चलेगा; तोते की तरह कुछ थोड़े से शब्द और धर्म-विषयक बातें रट लेने से काम न चलेगा; केवल बुद्धि द्वारा स्वीकार कर लेने से काम न चलेगा;

आवश्यकता है—हमारे अंदर धर्म के प्रवेश करने की। अतः ईश्वर पर हम जो विश्वास करते हैं, उसका प्रमाण हमारी तर्क-बुद्धि या दलीलें नहीं हैं, वरन् ईश्वर के अस्तित्व का सर्वोच्च प्रमाण तो यह है कि हमारे यहाँ के प्राचीन तथा अर्वाचीन सभी पहुँचे हुए लोगों ने ईश्वर का साक्षात्कार किया है। आत्मा के अस्तित्व पर हम केवल इसलिए विश्वास नहीं करते कि हमारे पास उसके प्रमाण में उत्कृष्ट युक्तियाँ हैं, वरन् इसलिए कि प्राचीन काल में भारतवर्ष के सहस्र व्यक्तियों ने आत्मा के प्रत्यक्ष दर्शन किए हैं; आज भी ऐसे बहुत से हैं, जिन्होंने आत्मोपलब्धि की है और भविष्य में भी ऐसे हजारों लोग होंगे, जिन्हें हृदय में आत्मा की प्रत्यक्ष अनुभूति होगी। जब तक मनुष्य ईश्वर के दर्शन न कर लेगा, आत्मा की उपलब्धि न कर लेगा, तब तक उसकी मुक्ति असंभव है। अतएव, आओ, सबसे पहले हम इस बात को भलीभाँति समझ लें और हम इसे जितना ही अधिक समझेंगे, उतना ही भारत में सांप्रदायिकता का ह्रास होगा। कारण, यथार्थ धार्मिक वही है, जिसने ईश्वर के दर्शन पाए हैं, जिसने अंतर में उसकी प्रत्यक्ष उपलब्धि की है। तब तो—

आत्मा के अस्तित्व पर हम केवल इसलिए विश्वास नहीं करते कि हमारे पास उसके प्रमाण में उत्कृष्ट युक्तियाँ हैं, वरन् इसलिए कि प्राचीन काल में भारतवर्ष के सहस्र व्यक्तियों ने आत्मा के प्रत्यक्ष दर्शन किए हैं; आज भी ऐसे बहुत से हैं, जिन्होंने आत्मोपलब्धि की है और भविष्य में भी ऐसे हजारों लोग होंगे, जिन्हें हृदय में आत्मा की प्रत्यक्ष अनुभूति होगी।

भिद्यते हृदयग्रन्थिश्छिद्यन्ते सर्वसंशयाः।
क्षीयन्ते चास्य कर्माणि तस्मिन् दृष्टे परावरे॥

"जिसने उन्हें देख लिया, जो हमारे निकट से भी निकट है, फिर दूर से भी दूर, उसके हृदय की गाँठें खुल जाती हैं, उसके सारे संशय दूर हो जाते हैं और वह कर्मफल के समस्त बंधनों से छुटकारा पा जाता है!"

हा हंत! हम लोग बहुधा अर्थहीन वागाडंबर को ही आध्यात्मिक सत्य समझ बैठते हैं, पांडित्य से भरी संतुलित वाक्य-रचना को ही गंभीर धर्मानुभूति समझ लेते हैं। इसी से यह सारी सांप्रदायिकता आती है, सारा विरोध-भाव उत्पन्न होता है। यदि हम एक बार इस बात को भलीभाँति समझ लें कि 'प्रत्यक्ष अनुभूति' ही प्रकृत धर्म है, तो हम अपने ही हृदय को टटोलेंगे और यह समझने का प्रयत्न करेंगे कि हम धर्म-राज्य के सत्यों की उपलब्धि की ओर कहाँ तक अग्रसर हुए हैं और तब हम यह समझ जाएँगे कि हम स्वयं अंधकार में भटक रहे हैं और अपने साथ दूसरों को भी उसी अंधकार में भटका रहे हैं। बस इतना समझने पर हमारी सांप्रदायिकता और लड़ाई मिट जाएगी। यदि कोई तुमसे सांप्रदायिक झगड़ा करने को तैयार हो, तो उससे पूछो, "तुमने क्या ईश्वर के दर्शन किए हैं, क्या तुम्हें कभी आत्मदर्शन प्राप्त हुआ है, यदि नहीं, तो तुम्हें ईश्वर के नाम का प्रचार करने का क्या अधिकार है, तुम तो स्वयं अँधेरे में भटक रहे हो और मुझे भी उसी अँधेरे में घसीटने की कोशिश कर रहे हो? 'अंधा अंधे को राह दिखाए' के अनुसार तुम मुझे भी गड्ढे में ले गिरोगे।"

हा हंत! हम लोग बहुधा अर्थहीन वागाडंबर को ही आध्यात्मिक सत्य समझ बैठते हैं, पांडित्य से भरी संतुलित वाक्य-रचना को ही गंभीर धर्मानुभूति समझ लेते हैं। इसी से यह सारी सांप्रदायिकता आती है, सारा विरोध-भाव उत्पन्न होता है।

अतएव किसी दूसरे के साथ विवाद करने से पहले जरा सोच-समझकर आगे बढ़ना। सबको अपनी-अपनी राह से चलने को, 'प्रत्यक्ष अनुभूति' की ओर अग्रसर होने दो। सभी अपने-अपने हृदय में उस सत्यस्वरूप आत्मा के दर्शन करने का प्रयत्न करें और जब वे उस भूमा के, उस अनावृत सत्यस्वरूप के दर्शन कर लेंगे, तभी उससे प्राप्त होनेवाले अपूर्व आनंद का अनुभव कर सकेंगे। आत्मोपलब्धि से प्रसूत

होनेवाला यह अपूर्व आनंद कपोल-कल्पित नहीं है; वरन् भारत के प्रत्येक ऋषि ने, प्रत्येक सत्यद्रष्टा पुरुष ने इसका प्रत्यक्ष अनुभव किया है और तब उस आत्मदर्शी हृदय से आप-ही-आप प्रेम की धारा फूट पड़ेगी; कारण, उसे ऐसे परमपुरुष का स्पर्श प्राप्त हुआ है, जो स्वयं प्रेमस्वरूप है। बस तभी हमारे सारे सांप्रदायिक लड़ाई-झगड़े दूर होंगे और तभी हम 'हिंदू' शब्द को तथा प्रत्येक हिंदू-नामधारी व्यक्ति को यथार्थतः समझने, हृदय में धारण करने तथा गंभीर रूप से प्रेम करने एवं आलिंगन करने में समर्थ होंगे।

मेरी बात पर ध्यान दो, केवल तभी तुम वास्तव में हिंदू कहलाने योग्य होगे, जब 'हिंदू' शब्द को सुनते ही तुम्हारे अंदर बिजली दौड़ने लग जाएगी। केवल तभी तुम सच्चे हिंदू कहला सकोगे, जब तुम किसी भी प्रांत के, कोई भी भाषा बोलनेवाले प्रत्येक हिंदू-संज्ञक व्यक्ति को एकदम अपना सगा समझने लगोगे। केवल तभी तुम सच्चे हिंदू माने जाओगे, जब किसी भी हिंदू कहलानेवाले का दुःख तुम्हारे हृदय में तीर की तरह आकर चुभेगा, मानो तुम्हारा अपना लड़का ही विपत्ति में पड़ गया हो! केवल तभी तुम यथार्थतः 'हिंदू' नाम के योग्य होगे, जब तुम उसके लिए समस्त अत्याचार एवं उत्पीड़न सहने के लिए तैयार रहोगे। उसके ज्वलंत दृष्टांत हैं, गुरु गोविंदसिंह, जिनकी चर्चा मैं आरंभ में ही कर चुका हूँ, इस महात्मा ने देश के शत्रुओं के विरुद्ध लोहा लिया, हिंदू धर्म की रक्षा के लिए अपने हृदय का रक्त बहाया, अपने पुत्रों को अपनी आँखों के सामने मौत के घाट उतरते देखा, पर जिनके लिए

मेरी बात पर ध्यान दो, केवल तभी तुम वास्तव में हिंदू कहलाने योग्य होगे, जब 'हिंदू' शब्द को सुनते ही तुम्हारे अंदर बिजली दौड़ने लग जाएगी। केवल तभी तुम सच्चे हिंदू कहला सकोगे, जब तुम किसी भी प्रांत के, कोई भी भाषा बोलनेवाले प्रत्येक हिंदू-संज्ञक व्यक्ति को एकदम अपना सगा समझने लगोगे।

उन्होंने अपना और अपने प्राणों से बढ़कर प्यारे पुत्रों का खून बहाया, उन्हीं लोगों ने इनकी सहायता करना तो दूर रहा, उल्टे इन्हें त्याग दिया, यहाँ तक कि देश से भी निकाल दिया! अंत में मर्मांतक चोट खाए हुए सिंह की भाँति यह नरकेसरी शांतिपूर्वक अपने जन्मस्थान को छोड़, दक्षिण भारत में जाकर मृत्यु की राह देखने लगा; परंतु अपने जीवन के अंतिम मुहूर्त तक उसने अपने उन कृतघ्न देशवासियों के प्रति कभी अभिशाप का एक शब्द भी मुँह से नहीं निकाला।

मेरी बात पर गौर करो, सुनो। यदि तुम देश की भलाई करना चाहते हो, तो तुममें से प्रत्येक को गुरु गोविंदसिंह बनना पड़ेगा। तुम्हें अपने देशवासियों में भले ही हजारों दोष दिखाई दें, पर तुम उनकी रग-रग में बहनेवाले हिंदू-रक्त की ओर ध्यान दो। तुम्हें पहले अपने इन स्वजातीय नर-रूप देवताओं की पूजा करनी होगी, भले ही वे तुम्हारी बुराई के लिए लाख चेष्टा किया करें।

मेरी बात पर गौर करो, सुनो। यदि तुम देश की भलाई करना चाहते हो, तो तुममें से प्रत्येक को गुरु गोविंदसिंह बनना पड़ेगा। तुम्हें अपने देशवासियों में भले ही हजारों दोष दिखाई दें, पर तुम उनकी रग-रग में बहनेवाले हिंदू-रक्त की ओर ध्यान दो। तुम्हें पहले अपने इन स्वजातीय नर-रूप देवताओं की पूजा करनी होगी, भले ही वे तुम्हारी बुराई के लिए लाख चेष्टा किया करें। इनमें से प्रत्येक व्यक्ति यदि तुम पर अभिशाप और निंदा की बौछार करें, तो भी तुम इनके प्रति प्रेमपूर्ण वाणी का ही प्रयोग करो। यदि ये तुम्हें त्याग दें, पैरों से ठुकरा दें, तो तुम उसी वीरकेसरी गोविंदसिंह की भाँति समाज से दूर जाकर नीरव भाव से मौत की राह देखो। जो ऐसा कर सकता है, वही सच्चा हिंदू कहलाने का अधिकारी है। हमें अपने सामने सदा इसी प्रकार का आदर्श उपस्थित रखना होगा। पारस्परिक विरोध भाव को भूलकर चारों ओर प्रेम का प्रवाह बहाना होगा।

लोग 'भारतोद्धार' के लिए जो जी में आए कहें, मैं जीवन भर काम करता रहा हूँ, कम-से-कम काम करने का प्रयत्न करता रहा हूँ, मैं अपने अनुभव के बल पर तुमसे कहता हूँ कि जब तक तुम सच्चे अर्थों में धार्मिक नहीं होते, तब तक भारत का उद्धार होना असंभव है। केवल भारत ही क्यों, सारे संसार का कल्याण इसी पर निर्भर है। कारण, मैं तुम्हें स्पष्टतया बताए देता हूँ कि इस समय पाश्चात्य सभ्यता की अपनी नींव तक हिल गई है। जड़वाद की कच्ची रेतीली नींव पर खड़ी होनेवाली बड़ी-से-बड़ी इमारतें भी एक-न-एक दिन अवश्य ही नीचे आएँगी। इस विषय में संसार का इतिहास ही सबसे बड़ा साथी है। जाति-पर-जाति उठी हैं और जड़वाद की नींव पर अपने गौरव का प्रासाद खड़ा किया है। उन्होंने एक-दूसरे की अपेक्षा अपना सिर ऊपर उठाया है तथा संसार के समक्ष यह घोषणा की है कि जड़ के सिवाय मनुष्य कुछ और नहीं है।

जरा गौर करो, पाश्चात्य भाषा में मृत्यु के लिए कहते हैं, "मनुष्य ने आत्मा छोड़ दी," पर हम अपनी भाषा में कहते हैं, "अमुक ने शरीर छोड़ दिया।" पाश्चात्य देशवासी अपने संबंध में कहते समय पहले देह को ही लक्ष्य करता है, उसके बाद उसके एक आत्मा है, इस प्रकार वह उल्लेख करता है, पर हम लोग सबसे पहले अपने को आत्मा समझते हैं, उसके बाद हमारी एक देह है, ऐसा कहा करते हैं।

जरा गौर करो, पाश्चात्य भाषा में मृत्यु के लिए कहते हैं, "मनुष्य ने आत्मा छोड़ दी," पर हम अपनी भाषा में कहते हैं, "अमुक ने शरीर छोड़ दिया।" पाश्चात्य देशवासी अपने संबंध में कहते समय पहले देह को ही लक्ष्य करता है, उसके बाद उसके एक आत्मा है, इस प्रकार वह उल्लेख करता है, पर हम लोग सबसे पहले अपने को आत्मा समझते हैं, उसके बाद हमारी एक देह है, ऐसा कहा करते हैं। इन दो विभिन्न वाक्यों की आलोचना करने

पर तुम देखोगे कि प्राच्य और पाश्चात्य विचार-प्रणाली में कितना अंतर है। इसीलिए कितनी सभ्यताएँ भौतिक सुख-स्वच्छता की रेतीली नींव पर कायम हुई थीं, वे सभी थोड़े ही समय के लिए जीवित रहकर एक-एक करके लुप्त हो गईं; परंतु भारत की सभ्यता, यही क्यों, भारत के चरणों के पास बैठकर शिक्षा ग्रहण करनेवाले चीन और जापान की सभ्यता भी आज जीवित है और इतना ही नहीं, बल्कि उनमें पुनरुत्थान के लक्षण भी दिखाई दे रहे हैं।

'फिनिक्स' के समान हजारों बार नष्ट होने पर भी, वे पुनः अधिक तेजस्वी होकर प्रस्फुरित होने को तैयार हैं, पर जड़वाद के आधार पर जो सभ्यताएँ स्थापित हैं, वे यदि एक बार नष्ट हो गईं, तो फिर उठ नहीं सकतीं। एक बार यदि महल ढह पड़ा, तो बस सदा के लिए धूल में मिल गया! अतएव धैर्य के साथ राह देखते रहो, भावी गौरव हमारे लिए संचय करके रखा हुआ है।

'फिनिक्स' के समान हजारों बार नष्ट होने पर भी, वे पुनः अधिक तेजस्वी होकर प्रस्फुरित होने को तैयार हैं, पर जड़वाद के आधार पर जो सभ्यताएँ स्थापित हैं, वे यदि एक बार नष्ट हो गईं, तो फिर उठ नहीं सकतीं। एक बार यदि महल ढह पड़ा, तो बस सदा के लिए धूल में मिल गया! अतएव धैर्य के साथ राह देखते रहो, भावी गौरव हमारे लिए संचय करके रखा हुआ है।

उतावले मत बनो, किसी दूसरे का अनुकरण करने की चेष्टा मत करो। दूसरे का अनुकरण करना सभ्यता की निशानी नहीं है; यह एक बड़ा पाठ है, जो हमें याद रखना है। मैं यदि आप के राजा की सी पोशाक पहन लूँ, तो क्या इतने से ही मैं राजा बन जाऊँगा? शेर की खाल ओढ़कर गधा कभी शेर नहीं बन सकता। अनुकरण करना, हीन और डरपोक की तरह अनुकरण करना; कभी उन्नति के पथ पर आगे नहीं बढ़ा सकता। वह तो मनुष्य के अधःपतन का

लक्षण है। जब मनुष्य अपने आप से घृणा करने लग जाता है, तब समझना चाहिए कि उस पर अंतिम चोट बैठ चुकी है। जब वह अपने पूर्वजों को मानने में लज्जित होता है, तो समझ लो कि उसका विनाश निकट है। यद्यपि मैं हिंदू-जाति में एक नगण्य व्यक्ति हूँ, तथापि अपनी जाति और अपने पूर्वजों के गौरव से मैं अपना गौरव मानता हूँ। अपने को 'हिंदू बताते और हिंदू कहकर अपना परिचय देते' हुए एक प्रकार का गर्व सा होता है। मैं तुम लोगों का एक तुच्छ सेवक होने में अपना गौरव समझता हूँ।

तुम लोग आर्य, ऋषियों के वशंधर हो—उन ऋषियों के, जिनकी महत्ता की तुलना नहीं हो सकती। मुझे इसका गर्व है कि मैं तुम्हारे देश का एक नगण्य नागरिक हूँ। अतएव भाइयो, आत्मविश्वासी बनो। पूर्वजों के नाम से अपने को लज्जित नहीं, गौरवान्वित समझो। याद रहे, किसी का अनुकरण कदापि न करना। कदापि नहीं। जब कभी तुम औरों के विचारों का अनुकरण करते हो, तुम अपनी स्वाधीनता गँवा बैठते हो। यहाँ तक कि आध्यात्मिक विषय में भी यदि तुम दूसरों के आज्ञाधीन हो; कार्य करोगे, तो अपनी सारी शक्ति, यहाँ तक कि विचार की शक्ति भी खो बैठोगे। अपने स्वयं के प्रयत्नों द्वारा अपने अंदर की शक्तियों का विकास करो, पर देखो, दूसरे का अनुकरण न करना। हाँ, दूसरों के पास जो कुछ अच्छाई हो, उसे अवश्य ग्रहण करो। हमें दूसरों से

तुम लोग आर्य, ऋषियों के वशंधर हो—उन ऋषियों के, जिनकी महत्ता की तुलना नहीं हो सकती। मुझे इसका गर्व है कि मैं तुम्हारे देश का एक नगण्य नागरिक हूँ। अतएव भाइयो, आत्मविश्वासी बनो। पूर्वजों के नाम से अपने को लज्जित नहीं, गौरवान्वित समझो। याद रहे, किसी का अनुकरण कदापि न करना। कदापि नहीं। जब कभी तुम औरों के विचारों का अनुकरण करते हो, तुम अपनी स्वाधीनता गँवा बैठते हो।

अवश्य सीखना होगा। जमीन में बीज बो दो, उसके लिए पर्याप्त मिट्टी, हवा और पानी की व्यवस्था करो; जब वह बीज अंकुरित होकर कालांतर में एक विशाल वृक्ष के रूप में फैल जाता है, तब क्या वह मिट्टी बन जाता है या हवा या पानी? नहीं, वह तो विशाल वृक्ष ही बनता है। मिट्टी, हवा और पानी खींचकर वह अपनी प्रकृति के अनुसार एक महीरुह का रूप ही धारण करता है। उसी प्रकार तुम भी करो औरों से उत्तम बातें सीखकर उन्नत बनो। जो सीखना नहीं चाहता, वह तो पहले ही मर चुका है। महर्षि मनु ने कहा है—

आददीत परां विद्यां प्रयत्नादवरादपि।
अंत्यादपि परं धर्मं स्त्रीरत्नं दुष्कुलादपि॥

"नीच व्यक्ति की सेवा करके उससे भी श्रेष्ठ विद्या सीखने का प्रयत्न करो। चांडाल द्वारा भी श्रेष्ठ धर्म की शिक्षा ग्रहण करो, इत्यादि।"

औरों के पास जो कुछ भी अच्छा पाओ, सीख लो; पर उसे अपने भाव के साँचे में ढालकर लेना होगा, दूसरे की शिक्षा ग्रहण करते समय उसके ऐसे अनुगामी न बनो कि अपनी स्वतंत्रता गँवा बैठो। भारत के इस जातीय जीवन को भूल मत जाना, पल भर के लिए भी ऐसा न सोचना कि भारतवर्ष के सभी अधिवासी यदि अमुक जाति की वेशभूषा धारण कर लेते या अमुक जाति

औरों के पास जो कुछ भी अच्छा पाओ, सीख लो; पर उसे अपने भाव के साँचे में ढालकर लेना होगा, दूसरे की शिक्षा ग्रहण करते समय उसके ऐसे अनुगामी न बनो कि अपनी स्वतंत्रता गँवा बैठो। भारत के इस जातीय जीवन को भूल मत जाना, पल भर के लिए भी ऐसा न सोचना कि भारतवर्ष के सभी अधिवासी यदि अमुक जाति की वेशभूषा धारण कर लेते या अमुक जाति के आचार-व्यवहारादि के अनुयायी बन जाते, तो बड़ा अच्छा होता।

के आचार-व्यवहारादि के अनुयायी बन जाते, तो बड़ा अच्छा होता। यह तो तुम भलीभाँति जानते हो कि कुछ ही वर्षों का अभ्यास छोड़ देना कितना कठिन होता है। फिर यह ईश्वर ही जानता है कि तुम्हारे रक्त के बिंदु-बिंदु में कितने सहस्त्र वर्षों का संस्कार जमा हुआ है; कितने सहस्त्र वर्षों से यह प्रबल जातीय जीवन-स्रोत एक विशेष दिशा की ओर प्रवाहित हो रहा है और क्या यह समझते हो कि वह प्रबल धारा, जो प्रायः अपने समुद्र के समीप पहुँच चुकी है, पुनः उलटकर हिमालय की हिमाच्छादित चोटियों पर वापस जा सकती है ? यह असंभव है ! यदि ऐसी चेष्टा करोगे, तो स्वयं ही नष्ट हो जाओगे। अतएव इस जातीय जीवन-स्रोत को पूर्णतया प्रवाहित होने दो। हाँ, जो बाँध इसके रास्ते में रुकावट डाल रहे हैं, उन्हें काट दो; इसका रास्ता साफ करके प्रवाह को मुक्त कर दो; देखोगे, यह जातीय जीवन-स्रोत अपनी स्वाभाविक गति से फूटकर आगे बढ़ निकलेगा और यह जाति अपनी सर्वांगीण उन्नति करते-करते अपने चरम लक्ष्य की ओर अग्रसर होती जाएगी।

भाइयो! यही कार्य-प्रणाली है, जो हमें भारत में धर्म के क्षेत्र में अपनानी होगी। इसके सिवा और भी कई महती समस्याएँ हैं, जिनकी चर्चा समयाभाव से आज मैं नहीं कर सकता। उदाहरण के लिए, जाति-भेद संबंधी अद्भुत समस्या को ही ले लो। मैं जीवन भर इस समस्या पर हरेक पहलू से विचार करता रहा हूँ।

भाइयो! यही कार्य-प्रणाली है, जो हमें भारत में धर्म के क्षेत्र में अपनानी होगी। इसके सिवा और भी कई महती समस्याएँ हैं, जिनकी चर्चा समयाभाव से आज मैं नहीं कर सकता। उदाहरण के लिए, जाति-भेद संबंधी अद्भुत समस्या को ही ले लो। मैं जीवन भर इस समस्या पर हरेक पहलू से विचार करता रहा हूँ। भारत के प्रायः प्रत्येक प्रांत में जाकर मैंने इस समस्या का अध्ययन किया है। इस देश के लगभग हरेक भाग की विभिन्न जातियों के साथ मैं मिला-जुला हूँ, पर जितना ही मैं इस विषय

पर विचार करता हूँ, मेरे सामने उतनी ही कठिनाइयाँ आ पड़ती हैं और मैं इसके उद्देश्य एवं तात्पर्य के विषय में किंकर्तव्यविमूढ़ सा हो जाता हूँ। अंत में अब मेरी आँखों के सामने एक क्षीण आलोक-रेखा सी दिखाई देने लगी है, इधर कुछ समय से इसका मूल उद्देश्य कुछ-कुछ मेरी समझ में आने लगा है।

इसके बाद फिर खान-पान की समस्या भी बड़ी विषम है। वास्तव में यह एक बड़ी जटिल समस्या है। साधारणतः हम लोग इसे जितना अनावश्यक समझते हैं, सच पूछो तो यह उतना अनावश्यक नहीं है। मैं तो इस सिद्धांत पर आ पहुँचा हूँ कि आजकल खान-पान के बारे में हम लोग जिस बात पर जोर देते हैं, वह एक बड़ी विचित्र बात है, वह शास्त्रानुमोदित नहीं है। तात्पर्य यह है कि खान-पान में वास्तविक पवित्रता की अवहेलना करके ही हम लोग कष्ट पा रहे हैं, हम शास्त्रानुमोदित आहार-प्रथा को बिल्कुल भूल गए हैं।

इसके बाद फिर खान-पान की समस्या भी बड़ी विषम है। वास्तव में यह एक बड़ी जटिल समस्या है। साधारणतः हम लोग इसे जितना अनावश्यक समझते हैं, सच पूछो तो यह उतना अनावश्यक नहीं है। मैं तो इस सिद्धांत पर आ पहुँचा हूँ कि आजकल खान-पान के बारे में हम लोग जिस बात पर जोर देते हैं, वह एक बड़ी विचित्र बात है, वह शास्त्रानुमोदित नहीं है।

इसी प्रकार और भी कई समस्याएँ हैं, जिन्हें मैं आप लोगों के समक्ष रखना चाहता हूँ, साथ ही यह भी बतलाना चाहता हूँ कि इन समस्याओं के समाधान क्या हैं तथा किस प्रकार इन समाधानों को कार्यरूप में परिणत किया जा सकता है, पर दुःख है, सभा के व्यवस्थित रूप से आरंभ होने में देर हो गई और अब मैं आप लोगों को और अधिक नहीं रोकना चाहता। अतएव, जाति-भेद तथा अन्यान्य समस्याओं पर मैं फिर कभी कुछ कहूँगा। आशा है, भविष्य

में हम लोग शांत और व्यवस्थित रूप से सभा का आयोजन करने की चेष्टा करेंगे।

सज्जनो, अब केवल एक बात और कहकर मैं आध्यात्मिक तत्त्व-विषयक अपना वक्तव्य समाप्त कर दूँगा। भारत में धर्म बहुत दिनों से गतिहीन बना हुआ है। हम चाहते हैं कि उसमें गति उत्पन्न हो। मैं प्रत्येक मनुष्य के जीवन में इस धर्म को प्रतिष्ठित हुआ देखना चाहता हूँ। मैं चाहता हूँ कि प्राचीनकाल की तरह राजमहल से लेकर दरिद्र के झोंपड़े तक सर्वत्र समान भाव से धर्म का प्रवेश हो।

याद रहे, धर्म ही इस जाति का साधारण उत्तराधिकारी एवं जन्मसिद्ध स्वत्व है। इस धर्म को हरेक आदमी के दरवाजे तक निस्स्वार्थ भाव से पहुँचना होगा। ईश्वर के राज्य में जिस प्रकार वायु सबके लिए समान रूप से प्राप्त होती है, उसी प्रकार भारतवर्ष में धर्म को सुलभ बनाना होगा। इसी प्रकार भारत में कार्य करना होगा, पर छोटे-छोटे दल बाँध, आपसी मतभेद पर विवाद करते रहने से नहीं बनेगा; हमें तो उन बातों का प्रचार करना होगा, जिनमें हम सब एकमत हैं।

याद रहे, धर्म ही इस जाति का साधारण उत्तराधिकारी एवं जन्मसिद्ध स्वत्व है। इस धर्म को हरेक आदमी के दरवाजे तक निस्स्वार्थ भाव से पहुँचना होगा। ईश्वर के राज्य में जिस प्रकार वायु सबके लिए समान रूप से प्राप्त होती है, उसी प्रकार भारतवर्ष में धर्म को सुलभ बनाना होगा। इसी प्रकार भारत में कार्य करना होगा, पर छोटे-छोटे दल बाँध, आपसी मतभेद पर विवाद करते रहने से नहीं बनेगा; हमें तो उन बातों का प्रचार करना होगा, जिनमें हम सब एकमत हैं। मैंने भारतवासियों से बारंबार कहा है और अब भी कह रहा हूँ कि कमरे में यदि सैकड़ों वर्षों से अंधकार फैला हुआ है, तो क्या 'घोर अंधकार,' 'भयंकर अंधकार' कहकर चिल्लाने से अंधकार दूर हो जाएगा? नहीं न, रोशनी

जलाओ, फिर देखो कि अँधेरा आप-ही-आप दूर हो जाता है या नहीं।

मनुष्य के सुधार का, उसके संस्कार का यही रहस्य है। उसके समक्ष उच्चतर बातें, उच्चतर प्रेरणाएँ रखो; पहले मनुष्य में, उसकी मनुष्यता में विश्वास रखो। कार्यक्षेत्र में ऐसा विश्वास लेकर क्यों उतरना कि मानव हीन और पतित है? मैं आज तक मनुष्य पर, बुरे-से-बुरे मनुष्य पर भी, विश्वास करके कभी विफल नहीं हुआ हूँ। सब जगह मुझे इच्छित फल ही प्राप्त हुआ है, सर्वत्र सफलता ही मिली है। अतएव मनुष्य में विश्वास रखो, चाहे वह पंडित हो या घोर मूर्ख, साक्षात् देवता जान पड़े या मूर्तिमान शैतान; सबसे पहले मनुष्य में विश्वास रखो और तदुपरांत यह विश्वास लाने का प्रयत्न करो कि यदि उसमें दोष हैं, यदि वह गलतियाँ करता है, यदि वह अत्यंत घृणित और असार सिद्धांतों को अपनाता है, तो वह अपने यथार्थ स्वभाव के कारण ऐसा नहीं करता, वरन् उच्चतर आदर्शों के अभाव में वैसा करता है।

मनुष्य के सुधार का, उसके संस्कार का यही रहस्य है। उसके समक्ष उच्चतर बातें, उच्चतर प्रेरणाएँ रखो; पहले मनुष्य में, उसकी मनुष्यता में विश्वास रखो। कार्यक्षेत्र में ऐसा विश्वास लेकर क्यों उतरना कि मानव हीन और पतित है? मैं आज तक मनुष्य पर, बुरे-से-बुरे मनुष्य पर भी, विश्वास करके कभी विफल नहीं हुआ हूँ।

यदि कोई व्यक्ति असत्य की ओर जाता है, तो उसका कारण यही समझो कि वह सत्य को पकड़ नहीं पाता। अतएव मिथ्या को दूर करने का एकमात्र उपाय यही है कि उसे सत्य का ज्ञान कराया जाए। उस ज्ञान को पाकर वह उसके साथ अपने मन के भाव की तुलना करे। तुमने तो उसे सत्य का असली रूप दिखा दिया, बस यहीं तुम्हारा काम समाप्त हो गया। अब वह स्वयं ही उस सत्य के साथ अपने भाव की तुलना करके देखे। यदि तुमने वास्तव में उसे सत्य का ज्ञान करा दिया

है, तो निश्चय जानो, मिथ्या भाव अवश्य दूर हो जाएगा। प्रकाश कभी अंधकार का नाश किए बिना नहीं रह सकता। सत्य अवश्य ही उसके भीतर के सद्भावों को प्रकाशित करेगा। यदि सारे देश का आध्यात्मिक संस्कार करना चाहते हो, तो उसके लिए यही रास्ता है—नान्यः पंथा! वाद-विवाद या लड़ाई-झगड़ों से कभी अच्छा फल नहीं हो सकता। लोगों से यह भी कहने की आवश्यकता नहीं कि तुम लोग जो कुछ कर रहे हो, वह ठीक नहीं है, खराब है। जो कुछ अच्छा है, उसे उनके सामने रख दो; फिर देखो, वे कितने आग्रह के साथ उसे ग्रहण करते हैं। मनुष्यमात्र में जो अविनाशी ईश्वरीय शक्ति है, वह जाग्रत् हो जाती है और जो कुछ उत्तम है, जो कुछ महिमामय है, उसे ग्रहण करने लिए हाथ फैला देती है।

जो हमारी समग्र जाति के स्रष्टा और स्थितिकर्ता हैं, हमारे पूर्वजों के ईश्वर हैं, भले ही वे विष्णु, शिव, शक्ति या गणेश आदि नामों से पुकारे जाते हों, सगुण या निर्गुण अथवा साकार या निराकार रूप से उपासित होते हों, जिन्हें हमारे पूर्वज जानकर 'एकं सद्विप्रा बहुधा वदन्ति' कह गए हैं, वे अपनी अनंत प्रेम-शक्ति के साथ हममें प्रवेश करें, अपने शुभाशीर्वादों की हम पर वर्षा करें, हमें एक-दूसरे को समझने की सामर्थ्य दें, जिससे हम यथार्थ प्रेम के साथ, सत्य के प्रति तीव्र अनुराग के साथ एक-दूसरे के हित के लिए कार्य कर सकें, जिससे भारत के आध्यात्मिक पुनर्निर्माण के इस महत्कार्य में हमारे अंदर अपने व्यक्तिगत नाम-यश, व्यक्तिगत स्वार्थ, व्यक्तिगत बड़प्पन की वासना के अंकुर न फूटें!

□

हिंदू धर्म की सार्वभौमिकता

ऐतिहासिक युग के पूर्व के केवल तीन ही धर्म आज संसार में विद्यमान हैं—हिंदू धर्म, पारसी धर्म और यहूदी धर्म। ये तीन धर्म अनेकानेक प्रचंड आघातों के पश्चात् भी लुप्त न होकर आज भी जीवित हैं, यह उनकी आंतरिक शक्ति का प्रमाण है, पर जहाँ हम यह देखते हैं कि यहूदी धर्म ईसाई धर्म को नहीं पचा सका, वरन् अपनी सर्वविजयी संतान-ईसाई धर्म द्वारा अपने जन्मस्थान से निर्वासित कर दिया गया और यह कि केवल मुट्ठी भर पारसी ही अपने महान् धर्म की गाथा गाने के लिए अब अवशेष हैं, वहाँ भारत में एक के बाद एक अनेक धर्म-पंथों का उद्भव हुआ और वे पंथ वेदप्रणीत धर्म की जड़ को हिलाते से प्रतीत हुए; पर भयंकर भूकंप के समय समुद्री किनारे की जलतरंगों के समान यह धर्म कुछ समय के लिए इसीलिए पीछे हट गया कि तत्पश्चात् हजार गुना अधिक बलशाली होकर सम्मुखस्थ सबको डुबानेवाली बाढ़ के रूप में लौट आए और जब यह सारा कोलाहल शांत हो गया, तब सारे धर्म-संप्रदाय अपनी जन्मदाता मूल हिंदू धर्म की विराट् काया द्वारा आत्मसात् कर लिये गए, पचा लिये गए।

आधुनिक विज्ञान के नवीनतम आविष्कार, जिनकी केवल प्रतिध्वनि

मात्र हैं, ऐसे वेदांत के अत्युच्च आध्यात्मिक भाव से लेकर सामान्य मूर्तिपूजा एवं तदानुषंगिक अनेक पौराणिक दंत-कथाओं और इतना ही नहीं, बल्कि बौद्धों के अज्ञेयवाद तथा जैनों के निरीश्वरवाद, इनमें से प्रत्येक के लिए हिंदू धर्म में स्थान है।

तब प्रश्न यह उठता है कि वह कौन सा एक साधारण बिंदु है, जहाँ पर इतनी विभिन्न दिशाओं में जानेवाली त्रिज्या रेखाएँ केंद्रस्थ होती हैं, वह कौन सा एक सामान्य आधार है, जिस पर इतने परस्पर-विरोधी भासनेवाले ये सब भाव आश्रित हैं? इसी प्रश्न का उत्तर देने का अब मैं प्रयत्न करूँगा।

तब प्रश्न यह उठता है कि वह कौन सा एक साधारण बिंदु है, जहाँ पर इतनी विभिन्न दिशाओं में जानेवाली त्रिज्या रेखाएँ केंद्रस्थ होती हैं, वह कौन सा एक सामान्य आधार है, जिस पर इतने परस्पर-विरोधी भासनेवाले ये सब भाव आश्रित हैं? इसी प्रश्न का उत्तर देने का अब मैं प्रयत्न करूँगा।

हिंदू जाति ने अपना धर्म अपौरुषेय वेदों से प्राप्त किया है। उनकी धारणा है कि वेद अनादि और अनंत हैं। श्रोताओं को, संभव है, यह हास्यास्पद मालूम हो और वे सोचें कि कोई पुस्तक अनादि और अनंत कैसे हो सकती है? परंतु वेद का अर्थ है, भिन्न-भिन्न कालों में, भिन्न-भिन्न व्यक्तियों द्वारा आविष्कृत आध्यात्मिक तत्त्वों का संचित कोष। जिस प्रकार गुरुत्वाकर्षण का सिद्धांत मनुष्यों के पता लगने के पूर्व से ही अपना काम करता चला आया था और आज यदि मनुष्य-जाति उसे भूल ही जाए तो भी वह नियम अपना काम करता ही रहेगा, ठीक वही बात आध्यात्मिक जगत् को चलानेवाले नियमों के संबंध में भी है। एक आत्मा का दूसरी आत्मा के साथ और प्रत्येक आत्मा के परमपिता परमात्मा के साथ जो नैतिक तथा दिव्य आध्यात्मिक संबंध हैं, वे हमारे पता लगाने के पूर्व भी थे, और हम यदि उन्हें भूल भी जाएँ तो भी बने रहेंगे।

इन नियमों या सत्यों का आविष्कार करनेवाले 'ऋषि' कहलाते हैं और हम उनको पूर्णत्व को पहुँची हुई विभूति जानकर सम्मान देते हैं। श्रोताओं को यह बतलाते हुए मुझे हर्ष होता है कि इन अतिशय उन्नत ऋषियों में कुछ स्त्रियाँ भी थीं।

यहाँ पर कोई यह तर्क भी कर सकता है कि ये आध्यात्मिक नियम नियम के रूप में अनंत भले ही हों, पर इनका आदि तो अवश्य ही होना चाहिए। वेद हमें यह सिखाते हैं कि सृष्टि का (अतएव सृष्टि के इन नियमों का भी) न आदि है, न अंत। विज्ञान ने हमें सिद्ध कर दिखाया है कि समग्र विश्व की सारी शक्ति-समष्टि का परिणाम सदा एक सा रहता है, तो फिर, यदि ऐसा कोई समय था, जब किसी वस्तु का अस्तित्व ही नहीं था, उस समय यह संपूर्ण व्यक्त शक्ति कहाँ थी? कोई-कोई कहते हैं कि ईश्वर में ही वह सब अक्रिय रूप से निहित थी। तब तो ईश्वर कभी निष्क्रिय और कभी सक्रिय है; इससे तो वह विकारशील हो जाएगा। प्रत्येक विकारशील पदार्थ मिश्रित होता है और हरेक मिश्रित पदार्थ में यह परिवर्तन अवश्यंभावी है, जिसे हम विनाश कहते हैं। इस तरह तो ईश्वर की मृत्यु हो जाएगी, जो कि सर्वथा असंभव एवं हास्यास्पद कल्पना है। अत: ऐसा समय कभी नहीं था, जब यह सृष्टि नहीं थी। अतएव यह सृष्टि अनादि है।

इन नियमों या सत्यों का आविष्कार करनेवाले 'ऋषि' कहलाते हैं और हम उनको पूर्णत्व को पहुँची हुई विभूति जानकर सम्मान देते हैं। श्रोताओं को यह बतलाते हुए मुझे हर्ष होता है कि इन अतिशय उन्नत ऋषियों में कुछ स्त्रियाँ भी थीं।

मैं एक उपमा दूँ, स्रष्टा और सृष्टि मानो दो रेखाएँ हैं, जिनका न आदि है, न अंत और जो समानांतर हैं। ईश्वर नित्य-क्रियाशील महा-शक्तिस्वरूप है, सर्व-विधाता है, जिसकी प्रेरणा से प्रलय-पयोधि में से नित्यश: एक के बाद एक ब्रह्मांड का सृजन होता है, उनका कुछ

काल तक पालन होता है, तत्पश्चात् वे पुनः विनष्ट कर दिए जाते हैं। 'सूर्याचन्द्रमसौ धाता यथापूर्वमकल्पयत्', अर्थात् इस सूर्य और चंद्रमा को विधाता ने पूर्व कल्पों के सूर्य और चंद्रमा के समान निर्मित किया है, इस वाक्य का नित्य पाठ प्रत्येक हिंदू बालक प्रतिदिन अपने गुरु के साथ किया करता है और यह सिद्धांत आधुनिक विज्ञान के साथ मेल खाता है।

यहाँ पर मैं खड़ा हूँ। अपनी आँखें बंद करके यदि मैं अपने अस्तित्व को समझने का प्रयत्न करूँ कि मैं क्या हूँ, 'मैं', 'मैं', 'मैं', तो मुझमें किस भाव का उदय होता है? यह कि मैं शरीर हूँ, तो क्या मैं भौतिक पदार्थों के समूह के सिवाय और कुछ भी नहीं हूँ? वेदों की घोषणा है, नहीं, मैं शरीर में रहनेवाली आत्मा हूँ और जब इस शरीर का पतन होगा, तब भी मैं विद्यमान रहूँगा ही। इस शरीर-ग्रहण के पूर्व भी मैं विद्यमान था। आत्मा किसी पदार्थ से सृष्टि नहीं हुई है, क्योंकि सृष्टि का अर्थ होता है—भिन्न-भिन्न द्रव्यों का संयोग और इस संयोग का अर्थ होता है—भविष्य में अवश्यंभावी वियोग। अतएव यदि आत्मा का सृजन हुआ, तो उसकी मृत्यु भी होनी चाहिए। इससे सिद्ध हो गया कि आत्मा का सृजन नहीं हुआ था, वह कोई सृष्ट पदार्थ नहीं है। पुनश्च, कुछ लोग जन्म से ही सुखी होते हैं, पूर्ण स्वास्थ्य का आनंद भोगते हैं, उन्हें सुंदर शरीर, उत्साहपूर्ण मन और सभी आवश्यक सामग्रियाँ प्राप्त रहती हैं।

यहाँ पर मैं खड़ा हूँ। अपनी आँखें बंद करके यदि मैं अपने अस्तित्व को समझने का प्रयत्न करूँ कि मैं क्या हूँ, 'मैं', 'मैं', 'मैं', तो मुझमें किस भाव का उदय होता है? यह कि मैं शरीर हूँ, तो क्या मैं भौतिक पदार्थों के समूह के सिवाय और कुछ भी नहीं हूँ? वेदों की घोषणा है, नहीं, मैं शरीर में रहनेवाली आत्मा हूँ और जब इस शरीर का पतन होगा, तब भी मैं विद्यमान रहूँगा ही।

दूसरे कुछ लोग जन्म से ही दुःखी होते हैं, किसी के हाथ या पाँव

नहीं होते, तो कोई मूर्ख होते हैं और येन-केन-प्रकारेण अपने दुःखमय जीवन के दिन काटते हैं। ऐसा क्यों? यदि ये सभी एक ही न्यायी और दयालु ईश्वर ने उत्पन्न किए हों, तो फिर उसने एक को सुखी, दूसरे को दुःखी क्यों बनाया, भगवान् ऐसा पक्षपाती क्यों है? फिर ऐसा मानने से भी बात नहीं सुधर सकती कि जो इस वर्तमान जीवन में दुःखी हैं, वे भावी जीवन में पूर्ण सुखी रहेंगे। न्यायी और दयालु भगवान् के राज्य में मनुष्य इस जीवन में भी दुःखी क्यों रहे? दूसरी बात यह है कि सृष्टि-उत्पादक ईश्वर को मान्यता देनेवाला यह सिद्धांत सृष्टि में इस वैषम्य के लिए कोई कारण बताने का प्रयत्न तक नहीं करता, बल्कि वह तो केवल एक सर्व-शक्तिमान स्वेच्छाचारी पुरुष का निष्ठुर व्यवहार ही प्रकट करता है। इस प्रकार, यह स्पष्ट ही है कि यह कल्पना युक्ति-विरुद्ध है। अतएव यह स्वीकार करना ही होगा कि इस जन्म के पूर्व ऐसे कारण होने ही चाहिए, जिनके फलस्वरूप मनुष्य इस जन्म में सुखी या दुःखी हुआ करता है और ये कारण हैं—उसके ही पूर्वानुष्ठित कर्म।

अच्छा, मनुष्य के शरीर और मन की गठन उसके पिता-पितामह आदि के शरीर-मन के अनुरूप होती है, ऐसा आनुवंशिकता का सिद्धांत क्या उपर्युक्त समस्या का समुचित उत्तर न होगा? यह स्पष्ट है कि जीवनस्रोत जड़ और चैतन्य, इन दो धाराओं में प्रवाहित हो रहा है।

अच्छा, मनुष्य के शरीर और मन की गठन उसके पिता-पितामह आदि के शरीर-मन के अनुरूप होती है, ऐसा आनुवंशिकता का सिद्धांत क्या उपर्युक्त समस्या का समुचित उत्तर न होगा? यह स्पष्ट है कि जीवनस्रोत जड़ और चैतन्य, इन दो धाराओं में प्रवाहित हो रहा है। यदि जड़ और जड़ के विकार ही आत्मा, मन, बुद्धि आदि हम जो कुछ हैं, उन सबके उपयुक्त कारण सिद्ध हो सकते, तो फिर और स्वतंत्र आत्मा के अस्तित्व को मानने की कोई आवश्यकता ही न रह जाती, पर यह

सिद्ध नहीं किया जा सकता कि चैतन्य का विकास जड़ से हुआ। अतएव यह स्वीकार कर लेने पर कि एक जड़-पदार्थ से सबकुछ सृष्ट हुआ है, यह भी स्वीकार करना निःसंशय मुक्तियुक्त होगा कि एक मूल चैतन्य से ही समस्त सृष्टिकार्य का निर्वाह हो रहा है, और यह केवल युक्तियुक्त ही नहीं, वरन् वांछनीय भी है, पर यहाँ उसकी आलोचना करने की कोई आवश्यकता नहीं।

अवश्य यह अस्वीकार नहीं किया जा सकता कि कुछ शारीरिक प्रवृत्तियाँ माता-पिता से प्राप्त होती हैं, पर इसका संबंध केवल शारीरिक गठन से है, जिसके द्वारा जीवात्मा को कोई विशेष प्रवृत्ति प्रकट हुआ करती है। उसकी इस प्रवृत्ति-विशेष का कारण उसी के पूर्वकृत कर्म हुआ करते हैं। एक विशेष प्रवृत्तिवाली जीवात्मा 'योग्यं योग्येन युज्यते,' इस नियमानुसार उसी शरीर में जन्म ग्रहण करती है, जो उस प्रवृत्ति के प्रकट करने के लिए सबसे उपयुक्त आधार हो। यह पूर्णतया विज्ञान-संगत है, क्योंकि विज्ञान कहता है, प्रवृत्ति या स्वभाव अभ्यास से बनता है और अभ्यास बारंबार अनुष्ठान का फल है। इस प्रकार एक नवजात बालक की स्वाभाविक प्रवृत्तियों का कारण बताने के लिए पुनः-पुनः अनुष्ठित पूर्व कर्मों को मानना आवश्यक हो जाता है और चूँकि वर्तमान जीवन में इस स्वभाव की प्राप्ति नहीं की गई, इसलिए वह पूर्व जीवन से ही उसे प्राप्त हुआ है।

अवश्य यह अस्वीकार नहीं किया जा सकता कि कुछ शारीरिक प्रवृत्तियाँ माता-पिता से प्राप्त होती हैं, पर इसका संबंध केवल शारीरिक गठन से है, जिसके द्वारा जीवात्मा को कोई विशेष प्रवृत्ति प्रकट हुआ करती है। उसकी इस प्रवृत्ति-विशेष का कारण उसी के पूर्वकृत कर्म हुआ करते हैं।

इस पर एक शंका की जा सकती है। अच्छा, ये सभी बातें तो मान ली गईं, पर यह कैसी बात है कि मेरे पूर्व जन्म की कोई बात मुझे स्मरण

नहीं है ? इसका समाधान सरल है। मैं अभी अंग्रेजी बोल रहा हूँ। वह मेरी मातृभाषा नहीं है। सच पूछो तो इस समय मेरी मातृभाषा का कोई भी शब्द मेरे चित्त में उपस्थित नहीं है, पर उन शब्दों को सामने लाने का थोड़ा प्रयत्न करते ही वे मेरे मन में उमड़ आते हैं। इससे यही सिद्ध होता है कि मानस-समुद्र की सतह पर जो कुछ रहता है, वही हमें बोधगम्य हुआ करता है और भीतर, उसकी गहराई में हमारी समस्त अनुभवराशि निहित रहती है; केवल प्रयत्न तथा उद्यमपूर्वक मंथन करने की आवश्यकता है। वे सारे अनुभव ऊपर सतह पर उठ आएँगे और पूर्व जन्मों की स्मृति जाग उठेगी।

पूर्वजन्म के संबंध में यही साक्षात् प्रमाण है। परीक्षा द्वारा ही किसी मतवाद की सच्चाई पूर्णतः प्रमाणित होती है। ऋषिगण समस्त संसार को ललकारकर कह रहे हैं कि हमने उस रहस्य का पता लगा लिया है, जिससे स्मृति-सागर की गंभीरतम गहराई तक का मंथन किया जा सकता है, उसका प्रयोग करो और तुम अपने पूर्वजन्मों की संपूर्ण स्मृति प्राप्त कर लोगे।

पूर्वजन्म के संबंध में यही साक्षात् प्रमाण है। परीक्षा द्वारा ही किसी मतवाद की सच्चाई पूर्णतः प्रमाणित होती है। ऋषिगण समस्त संसार को ललकारकर कह रहे हैं कि हमने उस रहस्य का पता लगा लिया है, जिससे स्मृति-सागर की गंभीरतम गहराई तक का मंथन किया जा सकता है, उसका प्रयोग करो और तुम अपने पूर्वजन्मों की संपूर्ण स्मृति प्राप्त कर लोगे।

अतएव देखा गया कि हिंदू का यह विश्वास है कि वह आत्मा है। “इस आत्मा को शस्त्र काट नहीं सकते, अग्नि दग्ध नहीं कर सकती, पानी आर्द्र नहीं कर सकता और वायु सुखा नहीं सकती।” हिंदुओं की यह धारणा है कि आत्मा एक ऐसा वृत्त है, जिसकी परिधि कहीं नहीं है, यद्यपि उसका केंद्र शरीर में अवस्थित है और मृत्यु का अर्थ केवल इतना ही है

कि एक शरीर से दूसरे शरीर में इस केंद्र का स्थानांतरण हो जाना। यह आत्मा भौतिक नियमों के वशीभूत नहीं है, वह स्वरूपत: नित्य-शुद्ध-बुद्ध मुक्त स्वभाव है, परंतु किसी अचिंत्य के कारण से वह अपने को जड़ से बँधी हुई पाती है और अपने को जड़ ही समझने लगती है।

अब प्रश्न यह है कि यह विशुद्ध, पूर्ण और विमुक्त आत्मा इस प्रकार जड़ का दासत्व क्यों करती है? स्वयं पूर्ण होते हुए भी इस आत्मा को अपूर्णत्व की यह भ्रमात्मक धारणा कैसे हो सकती है? हमें यह बताया जाता है कि हिंदू लोग इस प्रश्न से किनारा कर लेते हैं और कह देते हैं कि ऐसा प्रश्न पूछा ही नहीं जा सकता। कुछ पंडित लोग आत्मा और जीव, दोनों के बीच में कुछ पूर्णप्राय सत्ताओं के अस्तित्व की कल्पना कर लेते हैं और उन्हें अनेकविध बड़ी-बड़ी वैज्ञानिक संज्ञाएँ दे देते हैं, परंतु केवल नाम दे देने से ही मीमांसा नहीं हो जाती। प्रश्न ज्यों-का-त्यों ही बना रहता है। जो पूर्ण है, उसकी पूर्णता किसी भी तरह या किसी भी अंश में कैसे कम हो सकती है? जो नित्य-शुद्ध-बद्ध-मुक्त स्वभाव है, उसके उस 'स्वभाव' का अणुमात्र भी व्यक्तिक्रम कैसे हो सकता है? पर हिंदू सत्य का निष्कपट पुजारी है। वह मिथ्या तर्क-युक्ति का सहारा नहीं लेना चाहता। वह सत्यनिष्ठ की तरह इस प्रश्न का सामना करने का साहस रखता है और इस प्रश्न का उत्तर है, "मैं नहीं जानता। मैं नहीं जानता कि पूर्ण आत्मा अपने को अपूर्ण कैसे समझने लगी, जड़-पदार्थों के संयोग से अपने को जड़-नियमाधीन कैसे मानने लगी।"

अब प्रश्न यह है कि यह विशुद्ध, पूर्ण और विमुक्त आत्मा इस प्रकार जड़ का दासत्व क्यों करती है? स्वयं पूर्ण होते हुए भी इस आत्मा को अपूर्णत्व की यह भ्रमात्मक धारणा कैसे हो सकती है? हमें यह बताया जाता है कि हिंदू लोग इस प्रश्न से किनारा कर लेते हैं और कह देते हैं कि ऐसा प्रश्न पूछा ही नहीं जा सकता।

पर वस्तुस्थिति जो है, वही रहेगी। प्रत्येक व्यक्ति स्वयं को शरीर मानता है। हिंदू यह समझने का प्रयत्न नहीं करता कि ऐसा क्यों होता है, मनुष्य अपने को शरीर क्यों समझता है? 'यह ईश्वर की इच्छा है', यह उत्तर इस शंका का कोई समाधान नहीं कर सकता। यह उत्तर तो हिंदू के 'मैं नहीं जानता' उत्तर से किसी प्रकार अधिक यथार्थ नहीं है।

अतएव हमने देखा कि मनुष्य की आत्मा अनादि और अमर है, पूर्ण और अनंत है और मृत्यु का अर्थ है, एक शरीर से दूसरे शरीर में केवल केंद्र-परिवर्तन। वर्तमान अवस्था हमारे पूर्वानुष्ठित कर्मों द्वारा निश्चित होती है और भविष्य, वर्तमान कर्मों द्वारा। आत्मा जन्म और मृत्यु के चक्र में लगातार घूमती हुई कभी ऊपर उठती है, कभी नीचे जाती है, पर यहाँ एक दूसरा प्रश्न उठता है, क्या मनुष्य उस छोटी सी नौका के समान है, जो प्रचंड तूफान में पड़कर एक क्षण किसी वेगवान तरंग के फेनिल शिखर पर चढ़ जाती है और दूसरे क्षण भयानक गड्ढे में नीचे ढकेल दी जाती है; मनुष्य क्या इस प्रकार अपने अच्छे और बुरे कर्मों के नितांत परवश हो, केवल इधर-उधर भटकता फिरता है; क्या वह कार्य-कारण के सतत-प्रवाही, सर्वंकष, भीषण तथा गर्जनशील प्रवाह में पड़ा हुआ शक्तिहीन, निस्सहाय, नगण्य जीवमात्र है; क्या वह उस कर्मचक्र के नीचे पड़ा हुआ, एक क्षुद्र कीटाणु है, जो पतिशोक से व्याकुल विधवा के आँसुओं तथा अनाथ बालक की आहों की तनिक भी परवाह न करते हुए अपने मार्ग में आनेवाली सभी वस्तुओं को कुचल डालता

पर वस्तुस्थिति जो है, वही रहेगी। प्रत्येक व्यक्ति स्वयं को शरीर मानता है। हिंदू यह समझने का प्रयत्न नहीं करता कि ऐसा क्यों होता है, मनुष्य अपने को शरीर क्यों समझता है? 'यह ईश्वर की इच्छा है', यह उत्तर इस शंका का कोई समाधान नहीं कर सकता। यह उत्तर तो हिंदू के 'मैं नहीं जानता' उत्तर से किसी प्रकार अधिक यथार्थ नहीं है।

है? इस प्रकार के विचार से अंत:करण काँप उठता है, पर प्रकृति का नियम तो यही है, तो फिर क्या कोई आशा ही नहीं है? इससे बचने का कोई मार्ग नहीं है? यही करुण पुकार निराशा-विह्वल हृदय के अंतस्तल से ऊपर उठी और उस करुणानिधान विश्वपिता के सिंहासन तक जा पहुँची। वहाँ से आशा तथा सांत्वना की वाणी निकली और एक वैदिक ऋषि के अंत:करण में प्रेरणा-रूप में आविर्भूत हुई। ईश्वरी शक्ति द्वारा अनुप्राणित इस महर्षि ने संसार के सामने खड़े होकर धन-गंभीर स्वर से इस आनंद संदेश की घोषणा की—

श्रृण्वस्तु विश्वे अमृतस्य पुत्रा
आ ये धामानि दिव्यानि तस्थुः।
वेदाहमेतं पुरुषं महान्तम
आदित्यवर्णं तमसः परस्तात्।
तमेव विदित्सवाऽतिमृत्युमेति
नान्यः पन्था विद्ययेऽयनाय॥

"हे अमृत के पुत्रगण! हे दिव्यधामवासी देवगण! सुनो, मैंने उस अनादि पुरातन पुरुष को पहचान लिया है, जो समस्त अज्ञान-अंधकार और माया के परे है। केवल उस पुरुष को जानकर ही तुम मृत्यु के चक्र से छूट सकते हो। दूसरा कोई पंथ नहीं है।"

"हे अमृत के पुत्रगण! हे दिव्यधामवासी देवगण! सुनो, मैंने उस अनादि पुरातन पुरुष को पहचान लिया है, जो समस्त अज्ञान-अंधकार और माया के परे है। केवल उस पुरुष को जानकर ही तुम मृत्यु के चक्र से छूट सकते हो। दूसरा कोई पंथ नहीं है।"

'हे अमृत के पुत्रगण!' कैसा मधुर और आशाजनक संबोधन है यह! बंधुओ! इसी मधुर नाम से मुझे तुम्हें पुकारने दो। 'हे अमृत के अधिकारीगण!' सचमुच, हिंदू तुम्हें पापी कहना अस्वीकार करता है। तुम तो ईश्वर की संतान हो, अमर

आनंद के भागीदार हो, पवित्र और पूर्ण आत्मा हो। तुम इस मर्त्यभूमि पर देवता हो। तुम भला पापी? मनुष्य को पापी कहना ही पाप है; वह मानव-स्वभाव पर घोर लांछन है। उठो! आओ! ऐ सिंहो! इस मिथ्या भ्रम को झटककर दूर फेंक दो कि तुम तो जरा-मरणरहित, नित्यानंद आत्मा हो! तुम जड़-पदार्थ नहीं हो। तुम शरीर नहीं हो। जड़-पदार्थ तो तुम्हारा गुलाम है, तुम उसके गुलाम नहीं।

अत: वेद ऐसी घोषणा नहीं करते कि यह सृष्टि-व्यापार कतिपय भयावह, निर्दय अथवा निर्मम विधानों का प्रवाह है और न यही कि वह कार्य-कारण का एक अच्छेद्य बंधन है; वरन् वे यह घोषित करते हैं कि इन सब प्राकृतिक नियमों के मूल में, प्रत्येक अणु-परमाणु में तथा शक्ति के प्रत्येक स्पंदन में ओतप्रोत वही एक पुराण पुरुष है, जिसके आदेश से वायु चलती है, अग्नि दहकती है, बादल बरसते हैं और मृत्यु पृथ्वी पर इतस्तत: नाचती है।

और उस पुरुष का स्वरूप क्या है? वह सर्वव्यापी, शुद्ध, निराकार, सर्वशक्तिमान है, सब पर उसकी पूर्ण दया है। "तू हमारा पिता है, तू हमारी माता है, तू हमारा परम प्रेमास्पद सखा है, तू ही सभी शक्तियों का मूल है, हमें शक्ति दे। तू ही इन अखिल भुवनों का भार वहन करनेवाला है; तू मुझे इस जीवन के क्षुद्र भार को वहन करने में सहायता दे।"

और उस पुरुष का स्वरूप क्या है? वह सर्वव्यापी, शुद्ध, निराकार, सर्वशक्तिमान है, सब पर उसकी पूर्ण दया है। "तू हमारा पिता है, तू हमारी माता है, तू हमारा परम प्रेमास्पद सखा है, तू ही सभी शक्तियों का मूल है, हमें शक्ति दे। तू ही इन अखिल भुवनों का भार वहन करनेवाला है; तू मुझे इस जीवन के क्षुद्र भार को वहन करने में सहायता दे।" वैदिक ऋषियों ने यही गाया है। हम उसकी पूजा किस प्रकार करें? प्रेम द्वारा ही उसकी पूजा की जा सकती है। "ऐहिक तथा पारलौकिक समस्त प्रिय वस्तुओं

से भी अधिक प्रिय जानकर उस परम प्रेमास्पद की पूजा करनी चाहिए।"

वेद हमें शुद्ध प्रेम के संबंध में इसी प्रकार की शिक्षा देते हैं। अब यह देखा जाए कि भगवान् श्रीकृष्ण ने, जिन्हें हिंदू लोग पृथ्वी पर ईश्वर का पूर्णावतार मानते हैं, इस प्रेम के पूर्ण विकास की साधना के संबंध में हमें क्या उपदेश दिया है?

उन्होंने कहा है कि मनुष्य को इस संसार में पद्मपत्र की तरह रहना चाहिए। पद्मपत्र जैसे पानी में रहकर भी उससे नहीं भीगता, उसी प्रकार मनुष्य को भी संसार में रहना चाहिए, उसका हृदय ईश्वर की ओर लगा रहे और उसके हाथ निर्लिप्त भाव से कर्म करने में लगे रहें।

"भगवन्, मुझे न तो संपत्ति चाहिए, न संतति, न विद्या। यदि तेरी इच्छा है, तो सहस्त्रों बार जन्म-मृत्यु के चक्र में पड़ूँगा; पर हे प्रभो, केवल इतना ही दे कि मैं फल की आशा छोड़कर तेरी भक्ति करूँ, केवल प्रेम के लिए ही तुझ पर मेरा निस्स्वार्थ प्रेम हो।"

इहलोक या परलोक में पुरस्कार की प्रत्याशा से ईश्वर से प्रेम करना बुरी बात नहीं, पर केवल प्रेम के लिए ही ईश्वर से प्रेम करना सबसे अच्छा है और उसके निकट यही प्रार्थना करना उचित है—

न धनं न जनं न च सुंदरीं कवितां वा जदीशा कामये।
मम जन्मनि जन्मनीश्वरे भवताद्भक्तिरहैतुकी त्वयि॥

"भगवन्, मुझे न तो संपत्ति चाहिए, न संतति, न विद्या। यदि तेरी इच्छा है, तो सहस्त्रों बार जन्म-मृत्यु के चक्र में पड़ूँगा; पर हे प्रभो, केवल इतना ही दे कि मैं फल की आशा छोड़कर तेरी भक्ति करूँ, केवल प्रेम के लिए ही तुझ पर मेरा निस्स्वार्थ प्रेम हो।"

भगवान् श्रीकृष्ण के शिष्य धर्मराज युधिष्ठिर उस समय भारत के सम्राट् थे। उनके शत्रुओं ने उन्हें राजसिंहासन से च्युत कर दिया था और उन्हें अपनी सम्राज्ञी के साथ हिमालय के जंगल में आश्रय लेना पड़ा था। वहाँ एक दिन सम्राज्ञी ने उनसे प्रश्न किया, "नाथ, आप इतने धार्मिक हैं

कि लोग आपको धर्मराज कहते हैं, परंतु ऐसा होते हुए भी आपको इतना दुःख क्यों सहना पड़ता है ?"

युधिष्ठिर ने उत्तर दिया, "महारानी, देखो यह हिमालय कैसा भव्य और सुंदर है। मैं इस पर प्रेम करता हूँ, यह मुझे कुछ नहीं देता; पर मेरा स्वभाव ही ऐसा कि मैं भव्य और सुंदर वस्तु पर प्रेम करता हूँ और इसी कारण मैं उस पर प्रेम करता हूँ। उसी प्रकार मैं ईश्वर पर प्रेम करता हूँ। वह अखिल सौंदर्य, समस्त सुषमा का मूल है। वही एक ऐसा पात्र है, जिस पर प्रेम करना चाहिए। उस पर प्रेम करना मेरा स्वभाव है, इसीलिए मैं उस पर प्रेम करता हूँ। मैं किसी बात के लिए उससे प्रार्थना नहीं करता, मैं उससे कोई वस्तु नहीं माँगता। उसकी जहाँ इच्छा हो, मुझे रखे। मैं तो सब अवस्थाओं में केवल प्रेम के लिए ही उस पर प्रेम करना चाहता हूँ, मैं प्रेम में सौदा नहीं कर सकता।"

महारानी, देखो यह हिमालय कैसा भव्य और सुंदर है। मैं इस पर प्रेम करता हूँ, यह मुझे कुछ नहीं देता; पर मेरा स्वभाव ही ऐसा कि मैं भव्य और सुंदर वस्तु पर प्रेम करता हूँ और इसी कारण मैं उस पर प्रेम करता हूँ। उसी प्रकार मैं ईश्वर पर प्रेम करता हूँ। वह अखिल सौंदर्य, समस्त सुषमा का मूल है।

वेद कहते हैं कि आत्मा ब्रह्मस्वरूप है, वह केवल पंचभूतों के बंधनों में बँध गई है और उन बंधनों के टूटने पर वह अपने पूर्ण पूर्णत्व को प्राप्त हो जाएगी। इस अवस्था का नाम मुक्ति है, जिसका अर्थ है, स्वाधीनता—अपूर्णता, जन्म-मृत्यु, आधि-व्याधि से छुटकारा।

आत्मा का यह बंधन केवल ईश्वर की दया से ही टूट सकता है और उसकी दया शुद्ध, पवित्र स्वभाववाले लोगों को ही प्राप्त होती है। अतएव पवित्रता ही उसके अनुग्रह की प्राप्ति का उपाय है। जब उसकी कृपा होती है, तब शुद्ध और पवित्र हृदय में वह आविर्भूत होता है। विशुद्ध और निर्मल मनुष्य इसी जीवन में ईश्वर दर्शन प्राप्त कर कृतार्थ हो जाता

है। "तब उसकी समस्त कुटिलता नष्ट हो जाती है, सारे संदेह दूर हो जाते हैं।"

जब वह कार्य-कारण के भयानक नियम के हाथ का खिलौना नहीं रह जाता। यही हिंदूधर्म का मूलभूत सिद्धांत है, यही उसका असल भाव है। हिंदू शब्दों और सिद्धांतों के जाल में समय बिताना नहीं चाहता। यदि हम साधारण वैषयिक जीवन के परे और भी कोई अवस्था है, कोई अतींद्रिय जीवन है, तो वह उसका प्रत्यक्ष अनुभव करना चाहता है। यदि उसमें कोई आत्मा है, जो जड़-वस्तु नहीं है, यदि कोई दयामय सर्वव्यापी परमात्मा है, तो वह उसका साक्षात्कार कर लेना चाहता है; कारण, ईश्वर के केवल प्रत्यक्ष दर्शन से ही उसकी समस्त शंकाएँ दूर होंगी। अत: हिंदू ऋषि आत्मा के विषय में, ईश्वर के विषय में यही सर्वोत्तम प्रमाण देता है कि "मैंने आत्मा का दर्शन किया है, मैंने ईश्वर का दर्शन किया है।" और यही पूर्णत्व की एकमात्र शर्त है। भिन्न-भिन्न मत मतांतरों या सिद्धांतों पर विश्वास करने के प्रयत्न हिंदू धर्म में नहीं हैं, वरन् हिंदू धर्म तो प्रत्यक्ष अनुभूति या साक्षात्कार का धर्म है। केवल विश्वास का नाम हिंदू धर्म नहीं है। हिंदू धर्म का मूलमंत्र है, "मैं आत्मा हूँ, यह विश्वास होना और तद्रूप बना जाना।"

जब वह कार्य-कारण के भयानक नियम के हाथ का खिलौना नहीं रह जाता। यही हिंदूधर्म का मूलभूत सिद्धांत है, यही उसका असल भाव है। हिंदू शब्दों और सिद्धांतों के जाल में समय बिताना नहीं चाहता। यदि हम साधारण वैषयिक जीवन के परे और भी कोई अवस्था है, कोई अतींद्रिय जीवन है, तो वह उसका प्रत्यक्ष अनुभव करना चाहता है।

अत: हिंदुओं की सारी साधना-प्रणाली का लक्ष्य है—सतत अध्यवसाय द्वारा पूर्ण बन जाना, देवता बन जाना, ईश्वर के निकट जाकर उसके दर्शन कर लेना और इस प्रकार, ईश्वर-सान्निध्य को प्राप्त होकर

उनके दर्शन कर लेना, उन सर्वलोक-पिता ईश्वर के समान पूर्ण हो जाना, यही असल में हिंदू धर्म है।

और जब मनुष्य पूर्णत्व को प्राप्त कर लेता है, तब उसका क्या होता है? तब तो वह असीम आनंद का जीवन व्यतीत करता है। वह अन्य समस्त लाभों की अपेक्षा उत्कृष्ट लाभस्वरूप परमानंदधाम ईश्वर को प्राप्त करके परम आनंद का अधिकारी हो जाता है।

इस विषय में सभी हिंदू एकमत हैं। भारत के भिन्न पंथों का इस विषय में एक ही मत है, परंतु अब बात यह है कि तुरीय अथवा निर्विकल्प अवस्था का ही नाम पूर्णावस्था है और यह निर्विकल्प अवस्था तो एकमेव, अद्वितीय और गुणातीत है, जिसमें व्यक्तित्व कदापि नहीं रह सकता। अत: जब आत्मा पूर्णत्व को, इस निर्विकल्प अवस्था को प्राप्त कर लेती है, तब वह ब्रह्म के साथ एकता को प्राप्त हो जाती है तथा द्वैतज्ञान से रहित हो जाने के कारण स्वयं ही सत्स्वरूप, ज्ञानस्वरूप एवं आनंदस्वरूप हो जाती है। हम इस अवस्था के विषय में किसी-किसी पाश्चात्य दार्शनिकों के ग्रंथों में बारंबार पढ़ा करते हैं कि मनुष्य अपने व्यक्तित्व को खोकर जड़ता प्राप्त करता है तथा पत्थर के समान बन जाता है। इससे उन पंडितों की अनभिज्ञता ही दिख पड़ती है, क्योंकि "जिन्हें चोट कभी नहीं लगी है, वे ही चोट के दाग की ओर हँसी की दृष्टि से देखते हैं!"

और जब मनुष्य पूर्णत्व को प्राप्त कर लेता है, तब उसका क्या होता है? तब तो वह असीम आनंद का जीवन व्यतीत करता है। वह अन्य समस्त लाभों की अपेक्षा उत्कृष्ट लाभस्वरूप परमानंदधाम ईश्वर को प्राप्त करके परम आनंद का अधिकारी हो जाता है।

मैं आपको बताता हूँ कि ऐसी कोई बात नहीं होती। यदि इस एक क्षुद्र शरीर में आत्मबोध होने से इतना आनंद होता है, तो दो शरीरों में आत्मबोध

का आनंद अधिक उत्कट होना चाहिए और उसी तरह क्रमशः अनेक शरीरों में आत्मबोध के साथ-साथ आनंद की मात्रा भी अधिकाधिक बढ़नी चाहिए और जब विश्व-आत्मा का शोध हो जाएगा तो आनंद की परम अवस्था प्राप्त हो जाएगी।

अतः उस असीम विश्वात्मक व्यक्तित्व की प्राप्ति के लिए इस दुःखमय क्षुद्र व्यक्तित्व के बंधन का अंत होना चाहिए। जब मैं प्राणस्वरूप हो जाऊँगा, तभी मृत्यु के हाथ से मेरा छुटकारा हो सकता है। जब मैं आनंदस्वरूप हो जाऊँगा, तभी दुःख का अंत हो सकता है। जब मैं ज्ञानस्वरूप हो जाऊँगा, तभी सब अज्ञान का अंत हो सकता है। विज्ञान भी अंत में इसी सिद्धांत पर आ पहुँचा है। विज्ञानशास्त्र ने यह सिद्ध कर दिया है कि हम जो इस देह को प्रत्यक्ष और सदा एक सा मानते हैं, वह भ्रम है; हमारा यह भौतिक व्यक्तित्व भ्रम मात्र है। वास्तव में इस निरवच्छिन्न जड़सागर में यह क्षुद्र शरीर तरंगवत् सदा परिवर्तित होता रहता है, पर हमारा चैतन्यांश कभी परिवर्तनशील या भ्रमात्मक नहीं है, इसीलिए वह पूर्णतया सत्य है और इसी कारण केवल यह अद्वैत ज्ञान ही कि "मैं एकमेव अद्वितीय आत्मा हूँ", एकमात्र युक्तियुक्त सिद्धांत है।

अतः उस असीम विश्वात्मक व्यक्तित्व की प्राप्ति के लिए इस दुःखमय क्षुद्र व्यक्तित्व के बंधन का अंत होना चाहिए। जब मैं प्राणस्वरूप हो जाऊँगा, तभी मृत्यु के हाथ से मेरा छुटकारा हो सकता है। जब मैं आनंदस्वरूप हो जाऊँगा, तभी दुःख का अंत हो सकता है। जब मैं ज्ञानस्वरूप हो जाऊँगा, तभी सब अज्ञान का अंत हो सकता है।

विज्ञान एकत्व की खोज के सिवाय और कुछ नहीं है। ज्योंही कोई विज्ञानशास्त्र पूर्ण एकता तक पहुँच जाएगा, त्योंही उसका और आगे बढ़ना रुक जाएगा; क्योंकि तब तो वह अपने लक्ष्य को प्राप्त कर चुकेगा। उदाहरणार्थ—रसायनशास्त्र, यदि एक बार उस एक मूल द्रव्य का पता

लगा ले, जिससे और सब द्रव्य बन सकते हैं, तो फिर वह और आगे नहीं बढ़ सकेगा। पदार्थ विज्ञानशास्त्र जब उस एक मूल शक्ति का पता लगा लेगा, जिससे अन्य शक्तियाँ बाहर निकली हैं, तब वह पूर्णता पर पहुँच जाएगा। वैसे ही धर्मशास्त्र भी उस समय पूर्णता को प्राप्त हो जाएगा, जब वह उस मूल कारण को जान लेगा, जो इस मर्त्यलोक में एकमात्र अमृतस्वरूप है, जो इस नित्य परिवर्तनशील जगत् का एकमात्र अचल अटल आधार है, जो एकमात्र परमात्मा है और अन्य सब आत्माएँ जिसके प्रतिबिंबस्वरूप हैं। इस प्रकार अनेकेश्वरवाद, द्वैतवाद आदि में से होते हुए इस अद्वैतवाद की प्राप्ति होती है। धर्मशास्त्र इसके आगे नहीं जा सकता। यही सारे विज्ञानों का चरम लक्ष्य है।

सभी शास्त्र अंत में इसी सिद्धांत को पहुँचनेवाले हैं। आज विज्ञानशास्त्र इस दृश्यमान जगत् को 'सृष्टि' नाम देना नहीं चाहता, वह उसे 'विकास' मात्र कहता है और हिंदू को बड़ी प्रसन्नता इस बात की है कि जिस सिद्धांत को वह अपने अंतःकरण में इतने दिनों से धारण किए हुए था, वही सिद्धांत आज बड़ी प्रबल भाषा में, विज्ञान के अत्यंत आधुनिक प्रयोगों द्वारा अधिक स्पष्ट रूप से सिद्ध करके सिखाया जा रहा है।

सभी शास्त्र अंत में इसी सिद्धांत को पहुँचनेवाले हैं। आज विज्ञानशास्त्र इस दृश्यमान जगत् को 'सृष्टि' नाम देना नहीं चाहता, वह उसे 'विकास' मात्र कहता है और हिंदू को बड़ी प्रसन्नता इस बात की है कि जिस सिद्धांत को वह अपने अंतःकरण में इतने दिनों से धारण किए हुए था, वही सिद्धांत आज बड़ी प्रबल भाषा में, विज्ञान के अत्यंत आधुनिक प्रयोगों द्वारा अधिक स्पष्ट रूप से सिद्ध करके सिखाया जा रहा है।

अब हम वेदांत-दर्शन के उत्तुंग शिखर से नीचे उतरकर साधारण अशिक्षित लोगों के धर्म की ओर आते हैं। प्रारंभ में मैं आपको बता देना

चाहता हूँ कि भारतवर्ष में अनेकेश्वरवाद नहीं है। प्रत्येक मंदिर में यदि कोई खड़ा होकर सुने, तो वह यही पाएगा कि भक्तगण सर्वव्यापित्व से लेकर ईश्वर के सभी गुणों का आरोप उन मूर्तियों में करते हैं। यह अनेकेश्वरवाद नहीं है और न उसका नाम 'कोई देवताविशेष का प्राधान्यवाद' ही हो सकता है। गुलाब को चाहे दूसरा कोई भी नाम क्यों न दे दिया जाए, पर वह सुगंध तो वैसी ही मधुर देता रहेगा। केवल नाम ही से तो किसी वस्तु का पूरा स्पष्टीकरण नहीं हो सकता।

बचपन की एक बात मुझे यहाँ याद आती है। एक ईसाई पादरी कुछ मनुष्यों की भीड़ जमा करके धर्मोपदेश कर रहा था। अनेक मजेदार बातों के साथ वह पादरी यह भी कह गया कि "अगर मैं तुम्हारी देवमूर्ति को एक डंडा लगाऊँ, तो वह मेरा क्या कर सकती है?" एक श्रोता ने चट चुभता सा जवाब दे डाला कि "अगर मैं तुम्हारे ईश्वर को एक गाली दे दूँ, तो वह मेरा क्या कर सकता है?" पादरी बोला, "मरने के बाद वह तुम्हें सजा देगा।" हिंदू भी तनकर बोल उठा, "तुम मारोगे, तब ठीक उसी तरह हमारी देवमूर्ति भी तुम्हें योग्य पुरस्कार देगी!" वृक्ष अपने फलों से जाना जाता है। जब मूर्ति पूजकों में मैं ऐसे मनुष्यों को पाता हूँ, जिनके चारित्र्य, आध्यात्मिक भाव और प्रेम अपना सानी नहीं रखते, तब तो मैं रुककर यही सोचता हूँ, "क्या पाप से भी पवित्रता की उत्पत्ति हो सकती है?"

बचपन की एक बात मुझे यहाँ याद आती है। एक ईसाई पादरी कुछ मनुष्यों की भीड़ जमा करके धर्मोपदेश कर रहा था। अनेक मजेदार बातों के साथ वह पादरी यह भी कह गया कि "अगर मैं तुम्हारी देवमूर्ति को एक डंडा लगाऊँ, तो वह मेरा क्या कर सकती है?" एक श्रोता ने चट चुभता सा जवाब दे डाला कि "अगर मैं तुम्हारे ईश्वर को एक गाली दे दूँ, तो वह मेरा क्या कर सकता है?"

अंधविश्वास मनुष्य का महान् शत्रु है, पर हठधर्मी तो उससे भी

बढ़कर है। अच्छा, ईश्वर यदि सर्वव्यापी है, तो फिर ईसाई गिरजाघर नामक एक स्वतंत्र स्थान में उसकी आराधना के लिए क्यों जाते हैं, क्यों वे 'क्रॉस' को इतना पवित्र मानते हैं, कैथोलिक ईसाइयों के गिरजाघरों में इतनी मूर्तियाँ क्यों रहा करती हैं और प्रोटेस्टेंट ईसाइयों के हृदय में प्रार्थना के समय इतनी भावमयी मूर्तियाँ क्यों रहा करती हैं? मेरे भाइयो! मन में किसी मूर्ति के आए बिना कुछ सोच सकना उतना ही असंभव है, जितना कि श्वास लिये बिना जीवित रहना। स्मृति की उद्दीपक भाव-परंपरा के अनुसार जड़मूर्ति के दर्शन से मानसिक भावविशेष का उद्दीपन हो जाता है अथवा मन में भावविशेष का उद्दीपन होने से तदनुरूप मूर्तिविशेष का भी आविर्भाव होता है। इसीलिए तो हिंदू आराधना के समय बाह्य प्रतीक का उपयोग करता है। वह आपको बतलाएगा कि यह बाह्य प्रतीक उसके मन को अपने ध्यान के विषय परमेश्वर में एकाग्रता से स्थिर रहने में सहायता देता है। वह भी यह बात उतनी ही अच्छी तरह से जानता है, जितना कि आप जानते हैं कि वह मूर्ति न तो ईश्वर ही है और न सर्वव्यापी ही और सच पूछिए तो दुनिया के लोग 'सर्वव्यापित्व' का क्या अर्थ समझते हैं, वह तो केवल एक शब्द का प्रतीक मात्र है। क्या परमेश्वर का भी कोई क्षेत्रफल है, नहीं है न? तो भी जिस समय हम सर्वव्यापी शब्द का उच्चारण करते हैं, उस समय विस्तृत आकाश या विशाल भूमिखंड की ही कल्पना अपने मन में लाने के सिवाय हम और क्या करते हैं?

मन में किसी मूर्ति के आए बिना कुछ सोच सकना उतना ही असंभव है, जितना कि श्वास लिये बिना जीवित रहना। स्मृति की उद्दीपक भाव-परंपरा के अनुसार जड़मूर्ति के दर्शन से मानसिक भावविशेष का उद्दीपन हो जाता है अथवा मन में भावविशेष का उद्दीपन होने से तदनुरूप मूर्तिविशेष का भी आविर्भाव होता है।

तात्पर्य यह कि अपनी मानसिक प्रकृति के नियमानुसार हमें अपनी

अनंततत्त्व की भावना को नील आकाश या अपार समुद्र की कल्पना से संबद्ध करना पड़ता है; उसी तरह हम पवित्रता के भाव को अपने स्वभावानुसार गिरजाघर, मसजिद या क्रॉस से जोड़ लेते हैं। हिंदू लोग पवित्रता, नित्यत्व, सर्वव्यापित्व आदि-आदि भावों का संबंध विभिन्न देवमूर्तियों से जोड़ते अवश्य हैं; पर अंतर यह है कि जहाँ अन्य लोग अपना सारा जीवन किसी गिरजाघर की मूर्ति की भक्ति में ही बिता देते हैं और इससे आगे नहीं बढ़ते, क्योंकि उनके लिए तो धर्म का अर्थ यही है कि कुछ विशिष्ट सिद्धांतों को वे अपनी बुद्धि द्वारा स्वीकृत कर लें और अपने मानव-भाइयों की भलाई करते रहें, वहाँ एक हिंदू की सारी धर्मभावना प्रत्यक्ष अनुभूति या साक्षात्कार में केंद्रीभूत हुआ करती है। मनुष्य को ईश्वर का साक्षात्कार करके स्वयं ईश्वर बनना है। मूर्तियाँ, मंदिर, गिरजाघर या शास्त्र-ग्रंथ तो धर्मजीवन की बाल्यावस्था में केवल आधार या सहायता मात्र हैं; पर उसे तो उत्तरोत्तर उन्नति ही करनी चाहिए।

साधक को कहीं पर रुकना नहीं चाहिए। वेदों का वाक्य है—"बाह्यपूजा या मूर्ति-पूजा सबसे नीचे की अवस्था है; आगे बढ़ने का प्रयास करते समय मानसिक प्रार्थना साधना की दूसरी अवस्था है और सबसे उच्च अवस्था तो वह है, जब परमेश्वर का साक्षात्कार हो जाए।"

साधक को कहीं पर रुकना नहीं चाहिए। वेदों का वाक्य है—"बाह्यपूजा या मूर्ति-पूजा सबसे नीचे की अवस्था है; आगे बढ़ने का प्रयास करते समय मानसिक प्रार्थना साधना की दूसरी अवस्था है और सबसे उच्च अवस्था तो वह है, जब परमेश्वर का साक्षात्कार हो जाए।" देखो, वही अनुरागी साधक, जो पहले मूर्ति के सामने झुककर पूजा-प्रणामादि में मग्न रहता था, अब ज्ञान-लाभ के बाद क्या कह रहा है, "सूर्य उस परमात्मा को प्रकाशित नहीं कर सकता, न चंद्रमा या तारागण ही; वह

विद्युत्प्रभा भी परमेश्वर को उद्‌भासित नहीं कर सकती, तब इस सामान्य अग्नि की बात ही क्या! ये सभी परमेश्वर के कारण प्रकाशित होते हैं।" वह साधक बाह्य मूर्ति-पूजा से अतीत हो चुका है, पर अन्य धर्मावलंबियों की तरह वह मूर्ति-पूजा को गाली नहीं देता और न उसे पाप का मूल ही बताता है। वह तो उसे जीवन की एक आवश्यक अवस्था जानकर उसको स्वीकार करता है। "बाल्य ही यौवनादि का जन्मदाता है।" तो क्या किसी वृद्ध पुरुष का अपने बचपन का युवावस्था को पाप या बुरा कहना उचित होगा?

यदि कोई मनुष्य अपने ब्रह्मभाव को मूर्ति के सहारे अधिक सरलता से अनुभव कर सकता है, तो क्या उसे पाप कहना ठीक होगा और जब वह उस अवस्था के परे पहुँच गया है, तब भी उसके लिए मूर्ति-पूजा को भ्रमात्मक कहना उचित नहीं है। हिंदू की दृष्टि में मनुष्य असत्य से सत्य को नहीं जा रहा है, वह तो सत्य से सत्य की ओर, निम्न श्रेणी के सत्य से उच्च श्रेणी के सत्य की ओर अग्रसर हो रहा है।

यदि कोई मनुष्य अपने ब्रह्मभाव को मूर्ति के सहारे अधिक सरलता से अनुभव कर सकता है, तो क्या उसे पाप कहना ठीक होगा और जब वह उस अवस्था के परे पहुँच गया है, तब भी उसके लिए मूर्ति-पूजा को भ्रमात्मक कहना उचित नहीं है। हिंदू की दृष्टि में मनुष्य असत्य से सत्य को नहीं जा रहा है, वह तो सत्य से सत्य की ओर, निम्न श्रेणी के सत्य से उच्च श्रेणी के सत्य की ओर अग्रसर हो रहा है। हिंदू के मतानुसार, क्षुद्र अज्ञानी के धर्म से लेकर वेदांत अद्वैतवाद तक जितने धर्म हैं, वे सभी अपने-अपने जन्म तथा अवस्था-भेद के अनुसार उस अनंत ब्रह्म के ज्ञान तथा उपलब्धि के उपाय हैं, उन्नति की सीढ़ियाँ हैं। प्रत्येक जीव उस युवा गरुड़ पक्षी के समान है, जो धीरे-धीरे ऊँचा उड़ता हुआ तथा अधिकाधिक शक्ति संपादन करता हुआ, अंत में उस प्रकाशमय सूर्य तक पहुँच जाता है।

विभिन्नता में एकता, यही तो प्रकृति की रचना है और हिंदुओं ने इसे भलीभाँति पहचाना है। अन्य धर्मों में कुछ निर्दिष्ट मतवाद विधिबद्ध कर दिए गए हैं और सारे समाज को उन्हें मानना अनिवार्य कर दिया जाता है। वे तो समाज के सामने केवल एक ही नाप की कमीज रख देते हैं, जो राम, श्याम, हरि सबके शरीर में जबरदस्ती ठीक होनी चाहिए और यदि वह कमीज राम या श्याम के शरीर में ठीक नहीं बैठती तो उसे बिना कमीज के ही नंगे बदन रहना होगा। हिंदुओं ने यह जान लिया है कि निरपेक्ष ब्रह्मतत्त्व की उपलब्धि, धारणा या प्रकाश केवल आपेक्ष के सहारे ही हो सकता है एवं मूर्तियाँ, क्रॉस या चाँद तो केवल आध्यात्मिक उन्नति के सहायक रूप हैं। वे मानो बहुत सी खूँटियाँ हैं, जिनमें धार्मिक भावनाएँ अटकाई जाती हैं। ऐसी बात नहीं है कि प्रत्येक के लिए इन साधनों की आवश्यकता हो, पर बहुतों के लिए तो ये आवश्यक हुआ ही करते हैं और जिनको अपने लिए इन साधनों की सहायता की आवश्यकता नहीं रहती, उन्हें यह कहने का कोई अधिकार नहीं कि इन साधनों का आश्रय लेना अनुचित है।

यहाँ एक बात बतला देना आवश्यक है कि भारतवर्ष में मूर्ति-पूजा कोई भयावह या जघन्य बात नहीं है, वह व्यभिचार की जननी नहीं है, वरन् वह तो अविकसित मन के लिए, उच्च आध्यात्मिक भाव को ग्रहण करने का उपाय है। अवश्य हिंदुओं के बहुतेरे दोष हैं; पर यह ध्यान रखिए कि उनके वे दोष अपने शरीर को दंड देने तक ही सीमित हैं, वे कभी भी अन्य धर्मावलंबियों का गला काटने नहीं जाते।

यहाँ एक बात बतला देना आवश्यक है कि भारतवर्ष में मूर्ति-पूजा कोई भयावह या जघन्य बात नहीं है, वह व्यभिचार की जननी नहीं है, वरन् वह तो अविकसित मन के लिए, उच्च आध्यात्मिक भाव को ग्रहण करने का उपाय है। अवश्य हिंदुओं के बहुतेरे दोष हैं; पर यह ध्यान रखिए

कि उनके वे दोष अपने शरीर को दंड देने तक ही सीमित हैं, वे कभी भी अन्य धर्मावलंबियों का गला काटने नहीं जाते। एक धर्मांध हिंदू भले ही चिता पर अपने आपको जला डाले, पर वह विधर्मियों को जलाने के लिए अग्नि कभी भी प्रज्वलित नहीं करेगा।

अतः हिंदुओं की दृष्टि में समस्त धर्मजगत् भिन्न-भिन्न रुचिवाले स्त्री-पुरुषों का, विभिन्न अवस्थाओं एवं परिस्थितियों में से होते हुए ईश्वर लाभ के उस एक ही लक्ष्य की ओर यात्रा करना है, अग्रसर होना है। प्रत्येक धर्म जड़भावापन्न मानव को ब्रह्म में परिणत करने में प्रयत्नशील है और वही ईश्वर इन समस्त धर्मों का प्रेरक है, तो फिर से सब धर्म इतने परस्पर विरोधी क्यों हैं? हिंदुओं का कहना है कि ये विरोध केवल आभास मात्र हैं, वास्तविक नहीं; विभिन्न अवस्थापन्न भिन्न-भिन्न प्रकृतिवाले मनुष्यों को उपयोगी होने के लिए उस एक ही सत्य ने इस प्रकार परस्पर विरुद्ध भाव धारण किए हैं।

एक ही ज्योति भिन्न-भिन्न रंग के काँच में से भिन्न-भिन्न रूप से प्रकट होती है। विभिन्न स्वभाववाले लोगों के लिए उपयुक्त होने की दृष्टि से यह वैचित्र्य आवश्यक भी है, परंतु प्रत्येक के अंतस्तल में, प्रत्येक धर्म में उसी एक सत्य का राजत्व है।

एक ही ज्योति भिन्न-भिन्न रंग के काँच में से भिन्न-भिन्न रूप से प्रकट होती है। विभिन्न स्वभाववाले लोगों के लिए उपयुक्त होने की दृष्टि से यह वैचित्र्य आवश्यक भी है, परंतु प्रत्येक के अंतस्तल में, प्रत्येक धर्म में उसी एक सत्य का राजत्व है। कृष्णावतार में भगवान् ने हिंदुओं को यह उपदेश दिया है, "प्रत्येक धर्म में मैं मौत्तिक-माल में सूत्र की तरह पिरोया हुआ हूँ। जहाँ भी तुम्हें मानवसृष्टि को उन्नत बनानेवाली और पावन करनेवाली अतिशय पवित्रता और असाधारण शक्ति दिखाई दे, तो जान लो कि वह मेरे तेज के अंश से ही उत्पन्न हुआ है।" और इस शिक्षा

का परिणाम क्या हुआ है? सारे संसार को मेरी यह चुनौती है कि वह समग्र संस्कृत दर्शनशास्त्र में मुझे एक ऐसी उक्ति तो दिखा दे, जिसमें यह बताया गया हो कि केवल हिंदुओं का ही उद्धार होगा और दूसरों का नहीं। भगवान् कृष्णद्वैपायन व्यास का वचन है, "हमारी जाति और संप्रदाय की सीमा के बाहर भी पूर्णत्व को पहुँचे हुए मनुष्य हैं।"

एक बात और। ऐसा प्रश्न उठ सकता है कि ईश्वर में ही अपने सभी भावों को केंद्रित करनेवाला हिंदू अज्ञेयवादी बौद्ध धर्म और निरीश्वरवादी जैन धर्म पर कैसे श्रद्धा रख सकता है? यद्यपि बौद्ध तथा जैन ईश्वर पर निर्भर नहीं रहते, तथापि उनके धर्म में, 'मनुष्य में देवत्व या ईश्वरत्व का विकास' इस महान् सत्य पर ही पूरा जोर दिया गया है और यही प्रत्येक धर्म का भी केंद्रस्थ सत्य है। उन्होंने जगत्पिता जगदीश्वर को भले न देखा हो, पर उसके पुत्रस्वरूप, आदर्श मनुष्य बुद्धदेव या 'जिन' को तो देखा है और जिसने पुत्र को देख लिया, उसने पिता को भी देख लिया।

ऐसा प्रश्न उठ सकता है कि ईश्वर में ही अपने सभी भावों को केंद्रित करनेवाला हिंदू अज्ञेयवादी बौद्ध धर्म और निरीश्वरवादी जैन धर्म पर कैसे श्रद्धा रख सकता है? यद्यपि बौद्ध तथा जैन ईश्वर पर निर्भर नहीं रहते, तथापि उनके धर्म में, 'मनुष्य में देवत्व या ईश्वरत्व का विकास' इस महान् सत्य पर ही पूरा जोर दिया गया है और यही प्रत्येक धर्म का भी केंद्रस्थ सत्य है।

भाइयो! हिंदुओं के धार्मिक विचारों का यही संक्षिप्त विवरण है। हो सकता है कि हिंदू अपनी संपूर्ण योजना के अनुसार कार्य न कर सका हो, पर यदि कभी कोई सार्वभौमिक धर्म हो सकता तो वह ऐसा ही होगा, जो देश या काल से मर्यादित न हो; जो उस अनंत भगवान् के समान ही अनंत हो, जिस भगवान् के संबंध में वह उपदेश देता है; जिसकी ज्योति श्रीकृष्ण के भक्तों पर और ईसा के प्रेमियों पर, संतों पर और पापियों पर समान रूप

से प्रकाशित होती हो; जो न तो ब्राह्मणों का हो, न बौद्धों का, न ईसाइयों का और न मुसलमानों का, वरन् इन सभी धर्मों का समष्टिस्वरूप होते हुए भी जिसमें उन्नति का अनंत पथ खुला रहे; जो इतना व्यापक हो कि अपने असंख्य प्रसारित बाहुओं द्वारा सृष्टि के प्रत्येक मनुष्य का आलिंगन करे और उसे अपने हृदय में स्थान दे, चाहे वह मनुष्य हिंसक पशु से किंचित् ही उठा हुआ, अति नीच, बर्बर, जंगली ही क्यों न हो, अथवा अपने मस्तिष्क और हृदय के सद्गुणों के कारण मानव-समाज से इतना ऊँचा क्यों न उठ गया हो कि लोग उसकी मानवी प्रकृति में शंका करते हुए देवता के समान उसकी पूजा करते हों। वह विश्व धर्म ऐसा होगा कि उसमें अविश्वासियों पर अत्याचार करने या उनके प्रति असहिष्णुता प्रकट करने की नीति नहीं रहेगी; वह धर्म प्रत्येक स्त्री और पुरुष के ईश्वरीय स्वरूप को स्वीकार करेगा और उसका संपूर्ण बल मनुष्य मात्र को अपनी सच्ची, ईश्वरी प्रकृति का साक्षात्कार करने के लिए सहायता देने में ही केंद्रित रहेगा।

आप ऐसा सार्वभौमिक उदार धर्म सामने रखिए और सारे राष्ट्र आपके अनुयायी बन जाएँगे! सम्राट् अशोक की धर्मसभा केवल बौद्ध धर्मियों की ही थी। अकबर बादशाह की धर्मपरिषद् अधिक उपयुक्त होते हुए भी केवल दरबार की शोभा की ही वस्तु थी, पर 'प्रत्येक धर्म में ईश्वर है' इस बात की घोषणा दुनिया के सभी प्रदेशों में करने का भार नियति ने अमेरिका के लिए ही रख छोड़ा था।

आप ऐसा सार्वभौमिक उदार धर्म सामने रखिए और सारे राष्ट्र आपके अनुयायी बन जाएँगे! सम्राट् अशोक की धर्मसभा केवल बौद्ध धर्मियों की ही थी। अकबर बादशाह की धर्मपरिषद् अधिक उपयुक्त होते हुए भी केवल दरबार की शोभा की ही वस्तु थी, पर 'प्रत्येक धर्म में ईश्वर है' इस बात की घोषणा दुनिया के सभी प्रदेशों में करने का भार नियति ने

अमेरिका के लिए ही रख छोड़ा था।

वही परमेश्वर, जो हिंदुओं का ब्रह्म, पारसियों का अहुरमज्द, बौद्धों का बुद्ध, मुसलमानों का अल्ला, यहूदियों का जिहोव और ईसाइयों का स्वर्गस्थ पिता है, आपको अपने उदार उद्देश्य को कार्यान्वित करने की शक्ति प्रदान करे। पूर्व-गगन में नक्षत्र उदित हुआ; कभी धुँधला और कभी देदीप्यमान होते हुए, धीरे-धीरे पश्चिम की ओर यात्रा करते-करते उसने समस्त जगत् की परिक्रमा कर डाली और अब वह पुनः पूर्व-क्षितिज में सहस्रगुनी अधिक उज्ज्वलता के साथ उदित हो रहा है।

ऐ स्वाधीनता की मातृभूमि कोलंबिया, तू धन्य है! तूने अपने पड़ोसियों के रक्त से अपना हाथ कभी कलंकित नहीं किया, तूने अपने प्रतिवेशियों का सर्व अपहरण कर सहज में ही धनी और संपन्न होने की चेष्टा नहीं की। अतएव तू ही सभ्य जातियों में अग्रणी होकर शांति पताका फहराने की अधिकारिणी है।

□

हिंदू धर्म के मूल तत्त्व

विषय तो बहुत बड़ा है, पर समय है कम। एक ही व्याख्यान में हिंदुओं के धर्म का पूरा-पूरा विश्लेषण करना असंभव है। इसलिए मैं आप लोगों के समीप अपने धर्म के मूल तत्त्वों का, जितनी सरल भाषा में हो सके, वर्णन करूँगा। जिस हिंदू नाम से परिचित होना अब हमारी चाल हो गई है, उसकी इस समय कुछ भी सार्थकता नहीं है, क्योंकि उस शब्द का अर्थ था—सिंधुनद के पार बसनेवाले। प्राचीन फारसियों के गलत उच्चारण से यह सिंधु शब्द 'हिंदू' हो गया है। वे सिंधुनद के इस पार रहनेवाले सभी लोगों को हिंदू कहते थे। इस प्रकार, हिंदू शब्द हमें मिला है। फिर मुसलमानों के शासन-काल से हम वह शब्द अपने ऊपर लगाते चले आए हैं।

अवश्य इस शब्द का व्यवहार करने में कोई हानि नहीं, पर पहले ही कह चुका हूँ कि अब इसकी कोई सार्थकता नहीं रही; क्योंकि आप लोगों को इस बात पर ध्यान देना चाहिए कि वर्तमान समय में सिंधुनद के इस पारवाले सब लोग प्राचीन काल की तरह एक ही धर्म को नहीं मानते। इसलिए उस शब्द से केवल हिंदू मात्र का ही बोध नहीं होता, बल्कि मुसलमान, ईसाई, जैन तथा भारत के अन्यान्य अधिवासियों का

भी होता है। अतः मैं हिंदू शब्द का प्रयोग नहीं करूँगा, तो हम किस शब्द का प्रयोग करें? हम वैदिक (अर्थात् वेद के माननेवाले) अथवा वैदांतिक शब्द का, जो उससे भी अच्छा है, प्रयोग कर सकते हैं। जगत् के अधिकांश मुख्य धर्म कई विशेष ग्रंथों को प्रमाणस्वरूप मान लेते हैं। लोगों का विश्वास है कि ये ग्रंथ ईश्वर या और किसी दैवी पुरुषविशेष के वाक्य हैं, इसलिए वे ग्रंथ ही उनके धर्मों की नींव हैं। पाश्चात्य आधुनिक पंडितों के मतानुसार, इन ग्रंथों में से हिंदुओं के भेद ही सबसे प्राचीन हैं। अतः वेदों के विषय में हमें कुछ जानना चाहिए।

'वेद' नामक शब्द राशि किसी पुरुष के मुँह से नहीं निकली है। उसके साल और तारीख का अभी निर्णय नहीं हुआ है और न आगे चलकर होगा ही। हम हिंदुओं के मतानुसार, वेद अनादि और अनंत हैं। एक विशेष बात आप लोगों को स्मरण रखनी चाहिए। वह यह कि जगत् के अन्यान्य धर्म अपने शास्त्रों को यही कहकर प्रामाणिक सिद्ध करते हैं कि वे ईश्वर नामक व्यक्ति अथवा ईश्वर के किसी दूत या पैगंबर की वाणी हैं; पर हिंदू कहते हैं, वेदों का दूसरा कोई प्रमाण नहीं है, वेद स्वतः प्रमाण हैं, क्योंकि वेद अनादि-अनंत हैं, वे ईश्वरीय ज्ञानराशि हैं। वेद कभी लिखे नहीं गए, न कभी उनकी सृष्टि हुई, वे अनादि काल से विद्यमान हैं। जैसे सृष्टि अनादि और अनंत है, वैसे ही ईश्वर का ज्ञान भी।

'वेद' नामक शब्द राशि किसी पुरुष के मुँह से नहीं निकली है। उसके साल और तारीख का अभी निर्णय नहीं हुआ है और न आगे चलकर होगा ही। हम हिंदुओं के मतानुसार, वेद अनादि और अनंत हैं।

'वेद' का अर्थ है—यह ईश्वरीय ज्ञान की राशि। विद् धातु का अर्थ है—जानना। वेदांत नामक ज्ञानराशि ऋषि नामधारी पुरुषों द्वारा आविष्कृत हुई है। ऋषि शब्द का अर्थ है, मंत्रद्रष्टा; पहले ही से वर्तमान ज्ञान को उन्होंने प्रत्यक्ष किया है, वह ज्ञान तथा भाव उनके अपने विचार का फल

नहीं था। जब कभी आप यह सुनें कि वेदों के अमुक अंश के ऋषि अमुक हैं, तब यह मत सोचिए कि उन्होंने उसे लिखा या अपनी बुद्धि द्वारा बनाया है, बल्कि पहले ही से वर्तमान भावराशि के वे द्रष्टामात्र हैं, वे भाव अनादिकाल से ही इस संसार में विद्यमान थे, ऋषि ने उनका आविष्कार मात्र किया। ऋषिगण आध्यात्मिक आविष्कारक थे।

यह वेद नामक ग्रंथराशि प्रधानतः दो भागों में विभक्त है—'कर्मकांड और ज्ञानकांड'। कर्मकांड में नाना प्रकार के याग-यज्ञों की बातें हैं, उनमें अधिकांश वर्तमान युग के अनुपयोगी होने के कारण परित्यक्त हुए हैं और कुछ कभी किसी-न-किसी रूप में मौजूद हैं। कर्मकांड के मुख्य विषय, जैसे साधारण मनुष्यों के कर्तव्य, ब्रह्मचारी, गृहस्थ, वानप्रस्थी तथा संन्यासी, इन विभिन्न आश्रमियों के भिन्न-भिन्न कर्तव्य, अब भी थोड़े-बहुत माने जा रहे हैं। दूसरा भाग ज्ञानकांड हमारे धर्म का आध्यात्मिक अंश है। उसका नाम वेदांत है, अर्थात् वेदों का अंतिम भाग, वेदों का चरम लक्ष्य। वेद-ज्ञान के इस सार का नाम है—वेदांत अथवा उपनिषद् और भारत के सभी संप्रदायों को द्वैतवादी, विशिष्टाद्वैतवादी, अद्वैतवादी अथवा सौर, शाक्त, गाणपत्य, शैव, वैष्णव, जो कोई हिंदू धर्म के भीतर रहना चाहे, उसी को वेदों के इस उपनिषद्-अंश को मानना पड़ेगा। वे उपनिषदों की अपनी-अपनी

यह वेद नामक ग्रंथराशि प्रधानतः दो भागों में विभक्त है—'कर्मकांड और ज्ञानकांड'। कर्मकांड में नाना प्रकार के याग-यज्ञों की बातें हैं, उनमें अधिकांश वर्तमान युग के अनुपयोगी होने के कारण परित्यक्त हुए हैं और कुछ कभी किसी-न-किसी रूप में मौजूद हैं। कर्मकांड के मुख्य विषय, जैसे साधारण मनुष्यों के कर्तव्य, ब्रह्मचारी, गृहस्थ, वानप्रस्थी तथा संन्यासी, इन विभिन्न आश्रमियों के भिन्न-भिन्न कर्तव्य, अब भी थोड़े-बहुत माने जा रहे हैं।

रुचि के अनुसार व्याख्या करें, पर उनको उनका प्रामाण्य अवश्य मानना पड़ेगा। इसीलिए हम हिंदू शब्द के बदले वैदांतिक शब्द का प्रयोग करना चाहते हैं।

भारतवर्ष के सभी प्राचीन दार्शनिकों को वेदांत का प्रामाण्य स्वीकार करना पड़ा और आजकल भारत में हिंदू धर्म की चाहे जितनी शाखा-प्रशाखाएँ हों, उनमें से कुछ चाहे कितनी विसदृश क्यों न मालूम हों, उनके उद्‌देश्य चाहे कितने जटिल क्यों न प्रतीत हों, जो कोई उनकी अच्छी तरह छानबीन करेगा, वही समझेगा कि उनके भाव उपनिषदों से ही लिये गए हैं। उन उपनिषदों के भाव हमारी जाति की अस्थिमज्जा में ऐसे घुस गए हैं कि यदि कोई हिंदू धर्म की बहुत ही अमार्जित शाखाओं के भी रूपक-तत्त्व की आलोचना करेगा, तो वह समय-समय पर यह देखकर दंग रह जाएगा कि उपनिषदों के ही तत्त्व इन धर्मों के रूपक के तौर पर वर्णित हुए हैं। उपनिषदों के बड़े-बड़े आध्यात्मिक और दार्शनिक तत्त्व आज हमारे घरों में पूजा के प्रतीक के रूप में परिवर्तित होकर विराजमान हैं। इस प्रकार, हम आजकल जितने यंत्र-प्रतिमा आदि का व्यवहार करते हैं, वे सब-के-सब वेदांत से आए हैं; क्योंकि वेदांत में उनका रूपक भाव से प्रयोग किया गया है, फिर क्रमशः वे भाव जाति के मर्मस्थान में प्रवेश कर, अंत में यंत्र-प्रतिमादि के रूप में उसके दैनिक जीवन के अंशस्वरूप बन गए हैं।

भारतवर्ष के सभी प्राचीन दार्शनिकों को वेदांत का प्रामाण्य स्वीकार करना पड़ा और आजकल भारत में हिंदू धर्म की चाहे जितनी शाखा-प्रशाखाएँ हों, उनमें से कुछ चाहे कितनी विसदृश क्यों न मालूम हों, उनके उद्‌देश्य चाहे कितने जटिल क्यों न प्रतीत हों, जो कोई उनकी अच्छी तरह छानबीन करेगा, वही समझेगा कि उनके भाव उपनिषदों से ही लिये गए हैं।

वेदांत के बाद ही स्मृतियों का प्रामाण्य है। ये ऋषि लिखित ग्रंथ हैं, पर इसका प्रामाण्य वेदांत के अधीन है, क्योंकि वे हमारे लिए वैसे ही हैं, जैसे दूसरे धर्मवालों के लिए उनके शास्त्र। हम यह मानते हैं कि विशेष ऋषियों ने ये स्मृतियाँ रची हैं; इस दृष्टि से अन्यान्य धर्मों के शास्त्रों का जैसा प्रामाण्य है, स्मृतियों का भी वैसा है; पर स्मृतियाँ हमारा चरम प्रमाण नहीं। यदि स्मृतियों का कोई अंश वेदांत का विरोधी हो तो उसे त्यागना पड़ेगा, उसका कोई प्रामाण्य नहीं रहेगा। फिर ये स्मृतियाँ युग-युग में बदलती भी गई हैं। हम शास्त्रों में पढ़ते हैं, सतयुग में अमुक स्मृतियों का प्रामाण्य है, फिर त्रेता, द्वापर और कलि में से प्रत्येक युग में अन्यान्य स्मृतियों का। देश-काल-पात्र के परिवर्तन के अनुसार आचार आदि का परिवर्तन हो रहा है और स्मृतियाँ प्रधानत: इन आचारों की नियामक होने से समय-समय पर उनको भी बदलना पड़ा।

वेदांत के बाद ही स्मृतियों का प्रामाण्य है। ये ऋषि लिखित ग्रंथ हैं, पर इसका प्रामाण्य वेदांत के अधीन है, क्योंकि वे हमारे लिए वैसे ही हैं, जैसे दूसरे धर्मवालों के लिए उनके शास्त्र। हम यह मानते हैं कि विशेष ऋषियों ने ये स्मृतियाँ रची हैं; इस दृष्टि से अन्यान्य धर्मों के शास्त्रों का जैसा प्रामाण्य है, स्मृतियों का भी वैसा है; पर स्मृतियाँ हमारा चरम प्रमाण नहीं।

मैं चाहता हूँ कि आप लोग इस बात को अच्छी तरह याद रखें। वेदांत में धर्म के जिन मूल तत्त्वों की व्याख्या हुई है, वे अपरिवर्तनीय हैं। क्यों? इसलिए कि वे मनुष्य तथा प्रकृति संबंधी परिवर्तनीय तत्त्वों पर प्रतिष्ठित हैं, वे कभी बदल नहीं सकते। आत्मा, स्वर्ग आदि के तत्त्व कभी बदलने के नहीं। हजारों वर्ष पहले वे जैसे थे, अब भी वैसे हैं और लाखों वर्ष बाद भी वैसे ही रहेंगे, परंतु जो धर्मानुष्ठान हमारी सामाजिक व्यवस्था और पारस्परिक संबंध पर निर्भर रहते हैं, समाज के परिवर्तन के साथ वे भी बदल जाएँगे। विशिष्ट

विधि केवल समयविशेष के लिए हितकर और उपयोगी होगी, न कि दूसरे समय के लिए। इसीलिए हम देखते हैं कि किसी समय किसी खाद्यविशेष का विधान रहा है, फिर दूसरे समय वह निषिद्ध है। वह खाद्य उस विशेष समय के लिए उपयोगी था; पर समय, जलवायु और ऋतु आदि के परिवर्तन तथा अन्यान्य कारणों से वह उस काल के लिए अनुपयोगी ठहरने से स्मृति ने उसे निषिद्ध ठहरा दिया है। इसलिए यह स्वतः प्रतीत होता है कि यदि वर्तमान समय में हमारे समाज में किसी परिवर्तन की जरूरत हो, तो वह अवश्य ही करना पड़ेगा। ऋषि लोग आकर दिखा देंगे कि किस तरह परिवर्तन साधित करना होगा, परंतु हमारे धर्म के मूल तत्त्वों का एक कण भी परिवर्तित न होगा; वे ज्यों-के-त्यों रहेंगे।

इसके बाद पुराण आते हैं। पुराण पंचलक्षण हैं। उनमें इतिहास, सृष्टितत्त्व, विविध रूपकों द्वारा दार्शनिकों के व्याख्यान इत्यादि नाना विषय हैं। वैदिक धर्म के सर्वसाधारण जनता में प्रचार करने के लिए पुराणों की रचना हुई। जिस भाषा में वेद लिखे हुए हैं, वह अत्यंत प्राचीन है; पंडितों में से भी बहुत ही कम लोग उन ग्रंथों का समय पर निर्णय कर सकते हैं।

इसके बाद पुराण आते हैं। पुराण पंचलक्षण हैं। उनमें इतिहास, सृष्टितत्त्व, विविध रूपकों द्वारा दार्शनिकों के व्याख्यान इत्यादि नाना विषय हैं। वैदिक धर्म के सर्वसाधारण जनता में प्रचार करने के लिए पुराणों की रचना हुई। जिस भाषा में वेद लिखे हुए हैं, वह अत्यंत प्राचीन है; पंडितों में से भी बहुत ही कम लोग उन ग्रंथों का समय पर निर्णय कर सकते हैं। पुराण उस समय के लोगों की भाषा में लिखे गए हैं, जिसे हम आधुनिक संस्कृत कहते हैं। वे पंडितों के लिए नहीं, किंतु साधारण लोगों के लिए हैं, क्योंकि साधारण लोग दार्शनिक तत्त्व नहीं समझ सकते हैं। उन्हें वे तत्त्व समझाने के लिए स्थूल रूप से साधुओं और महापुरुषों के जीवन-चरित्र

तथा उस जाति के बीच में जो घटनाएँ हुई थीं, इन सब बातों के सहारे शिक्षा दी जाती थी। धर्म के सनातन तत्त्वों को दृष्टांत द्वारा समझाने के लिए ही ऋषियों ने उनका उपयोग किया था।

इसके बाद यंत्र हैं। ये कई एक विषयों में प्राय: पुराणों ही के समान हैं और उनमें से कुछ में कर्मकांड के अंतर्गत प्राचीन यागयज्ञों की पुन: प्रतिष्ठा का प्रयत्न किया गया है।

ये सब ग्रंथ हिंदुओं के शास्त्र हैं और जिस जाति में इतने अधिक शास्त्र विद्यमान हैं और जिसने अगणित वर्षों से दार्शनिक और आध्यात्मिक विचारों में अपने को नियोजित किया है, उसमें इतने अधिक संप्रदायों का उद्‌भव होना बहुत ही स्वाभाविक है। आश्चर्य की बात तो यह है कि और भी हजारों संप्रदाय क्यों न हुए? किसी-किसी विषय पर इन संप्रदायों में आपस में अत्यंत भेद हैं। संप्रदायों के धार्मिक विचारों के इन छोटे-छोटे भेदों का पता लगाने का अब हमें अवकाश नहीं। इसीलिए हम संप्रदायों की उन साधारण बातों, उन मूल तत्त्वों ही की विवेचना करेंगे, जिन पर हिंदू मात्र का विश्वास रहना चाहिए।

ये सब ग्रंथ हिंदुओं के शास्त्र हैं और जिस जाति में इतने अधिक शास्त्र विद्यमान हैं और जिसने अगणित वर्षों से दार्शनिक और आध्यात्मिक विचारों में अपने को नियोजित किया है, उसमें इतने अधिक संप्रदायों का उद्‌भव होना बहुत ही स्वाभाविक है।

पहले सृष्टि की बात लीजिए। सभी हिंदू मानते हैं कि यह संसार, यह प्रकृति या माया अनादि और अनंत है। जगत् किसी एक विशेष दिन में रचा गया हो, सो बात नहीं। एक ईश्वर ने आकर इस जगत् की सृष्टि की और बाद में वह सो रहा, यह हो नहीं सकता। सृष्टिकारिणी शक्ति अभी वर्तमान है। ईश्वर अनंत काल से सृष्टि रच रहा है, वह कभी आराम नहीं करता। गीता का वह अंश स्मरण कीजिए, जहाँ भगवान् श्रीकृष्ण कह रहे

हैं, "यदि मैं क्षण भर के लिए आराम लूँ, तो यह जगत् नष्ट हो जाए।"

यदि वह सृष्टि-शक्ति, जो दिन-रात हमारे चारों तरफ काम कर रही है, क्षण भर के लिए चुप रहे, तो यह संसार ही मिट जाए। ऐसा समय कभी न था, जब वह शक्ति विश्व भर में क्रियाशील न थी; पर हाँ, युगांत में प्रलय हुआ करता है। हमारे संस्कृत के 'सृष्टि' शब्द का अंग्रेजी प्रति शब्द 'क्रिएशन' नहीं है। खेद का विषय है कि अंग्रेजी में 'क्रिएशन' शब्द का अर्थ है—असत् से सत् की उत्पत्ति, अभाव से भाव वस्तु का उद्‌भव, शून्य से संसार का उदय, यह एक भयंकर और अयौक्तिक मत है। ऐसी बेढंगी बात मान लेने को कहकर मैं आप लोगों की बुद्धि व विचार शक्ति का अपमान करना नहीं चाहता। 'सृष्टि' का ठीक प्रति शब्द है—'प्रोजेक्शन'। सारी प्रकृति सदा विद्यमान रहती है, केवल प्रलय के समय वह क्रमशः सूक्ष्म-से-सूक्ष्म होती जाती है और अंत में एकदम अव्यक्त हो जाती है, फिर थोड़ी देर तक विश्राम के बाद, मानो कोई उसे बाहर ढकेल देता है। तब पहले की ही तरह समवाय, वैसा ही क्रमविकास, वैसे ही रूपों का प्रकाशन होता रहता है। थोड़ी देर तक यह खेल चलता रहता है, फिर वह निकल आता है। अनंत काल से वह लहरों की चाल से एक बार सामने आ जाता है और फिर पीछे हट जाता है। देश, काल निमित्त तथा अन्यान्य सबकुछ इसी प्रकृति के अंतर्गत हैं। इसीलिए यह कहना कि सृष्टि का आदि है, बिल्कुल निरर्थक है। सृष्टि का आदि है अथवा अंत, यह बात ही नहीं उठ सकती; इसीलिए जहाँ कहीं हमारे शास्त्रों में सृष्टि के आदि-अंत का

यदि वह सृष्टि-शक्ति, जो दिन-रात हमारे चारों तरफ काम कर रही है, क्षण भर के लिए चुप रहे, तो यह संसार ही मिट जाए। ऐसा समय कभी न था, जब वह शक्ति विश्व भर में क्रियाशील न थी; पर हाँ, युगांत में प्रलय हुआ करता है। हमारे संस्कृत के 'सृष्टि' शब्द का अंग्रेजी प्रति शब्द 'क्रिएशन' नहीं है।

उल्लेख हुआ है, वहाँ यह स्मरण रखना चाहिए कि उससे युग-विशेष के आदि-अंत से मतलब है। उसका दूसरा अर्थ है ही नहीं।

यह सृष्टि किसने की? ईश्वर ने। अंग्रेजी में 'गॉड' शब्द का, जो प्रचलित अर्थ है, उससे मेरा मतलब नहीं। संस्कृत 'ब्रह्म' शब्द का प्रयोग करना ही सबसे अधिक युक्तिसंगत है। वही इस जगत्-प्रपंच का साधारण कारण है। वह ब्रह्म क्या है ? वह नित्य, नित्य शुद्ध, सदा जाग्रत्, सर्वशक्तिमान, सर्वज्ञ, परम दयामय, सर्वव्यापी, निराकार, अखंड है। वह इस जगत् की सृष्टि करता है। अब यदि हम कहें कि यही ब्रह्म संसार का स्रष्टा है और नित्य विधाता है तो इसमें दो आपत्तियाँ उठ खड़ी होती हैं।

यह सृष्टि किसने की ? ईश्वर ने। अंग्रेजी में 'गॉड' शब्द का, जो प्रचलित अर्थ है, उससे मेरा मतलब नहीं। संस्कृत 'ब्रह्म' शब्द का प्रयोग करना ही सबसे अधिक युक्तिसंगत है। वही इस जगत्-प्रपंच का साधारण कारण है। वह ब्रह्म क्या है ? वह नित्य, नित्य शुद्ध, सदा जाग्रत्, सर्वशक्तिमान, सर्वज्ञ, परम दयामय, सर्वव्यापी, निराकार, अखंड है।

हम देखते हैं कि जगत् में वैषम्य है। एक मनुष्य जन्मसुखी है, तो दूसरा जन्मदुःखी, एक धनी है तो दूसरा गरीब। ऐसा वैषम्य क्यों? फिर यहाँ निष्ठुरता भी है, क्योंकि यहाँ एक का जीवन दूसरे की मृत्यु के ऊपर निर्भर करता है। एक प्राणी दूसरे को टुकड़े-टुकड़े कर डालता है और हर एक मनुष्य अपने भाई का गला दबाने की चेष्टा करता है, यह प्रतिद्वंद्विता, निष्ठुरता, घोर अत्याचार और दिन-रात की आह, जिसे सुनकर कलेजा फट जाता है, यही हमारे संसार का हाल है। यदि यही ईश्वर की सृष्टि हुई तो वह ईश्वर निष्ठुर से भी बदतर है, उस शैतान से भी गया-गुजरा है, जिसकी मनुष्य ने कभी कल्पना की हो। वेदांत कहता है कि यह ईश्वर का दोष नहीं है, जो जगत् में यह वैषम्य, यह प्रतिद्वंद्विता विद्यमान है। तो किसने इसकी सृष्टि की?

स्वयं हमीं ने। एक बादल सभी खेतों पर समान रूप से पानी बरसाता रहता है, पर जो खेत अच्छी तरह जोता हुआ है, वही इस वर्षा से लाभ उठाता है। एक दूसरा खेत, जो जोता नहीं गया या जिसकी देखरेख नहीं की गई, उससे लाभ नहीं उठा सकता। यह बादल का दोष नहीं।

ईश्वर की कृपा नित्य और अपरिवर्तनीय है, हमीं लोग वैषम्य के कारण हैं। अच्छा तो कोई जन्म से सुखी है और दूसरा दुःखी; इस वैषम्य का कारण क्या हो सकता है? वे तो ऐसा कुछ करते नहीं दिखते, जिससे यह वैषम्य उत्पन्न हो। उत्तर यह है कि इस जन्म में न सही, पूर्व जन्म में उन्होंने अवश्य किया होगा और यह वैषम्य पूर्व जन्म के कर्मों के ही कारण हुआ है।

ईश्वर की कृपा नित्य और अपरिवर्तनीय है, हमीं लोग वैषम्य के कारण हैं। अच्छा तो कोई जन्म से सुखी है और दूसरा दुःखी; इस वैषम्य का कारण क्या हो सकता है? वे तो ऐसा कुछ करते नहीं दिखते, जिससे यह वैषम्य उत्पन्न हो। उत्तर यह है कि इस जन्म में न सही, पूर्व जन्म में उन्होंने अवश्य किया होगा और यह वैषम्य पूर्व जन्म के कर्मों के ही कारण हुआ है।

अब हम दूसरे तत्त्व पर, जिसमें केवल हिंदू नहीं, बल्कि सभी बौद्ध और जैन सभी सहमत हैं, विचार करेंगे। हम सभी यह स्वीकार करते हैं कि सृष्टि की तरह जीवन भी अनादि-अनंत है। शून्य से इसकी उत्पत्ति नहीं हुई, क्योंकि यह हो ही नहीं सकता। ऐसा जीवन भला कौन माँगेगा? हर एक वस्तु, जिसकी काल में उत्पत्ति हुई है, काल ही में लीन होगी। यदि जीवन कल ही शुरू हुआ हो तो अगले दिन इसका अंत भी होगा और एकांत नाश इसका फल होगा। जीवन अवश्य रहा होगा। आजकल यह बात समझने में बहुत विचारशक्ति की आवश्यकता नहीं, क्योंकि आधुनिक सभी विज्ञान इस विषय में हमें सहायता दे रहे हैं, वे जड़ जगत् की घटनाओं से हमारे शास्त्रों में लिखे हुए तत्त्वों की व्याख्या कर रहे हैं।

आप लोग यह जानते ही हैं कि हममें से प्रत्येक मनुष्य अनादि अतीत कर्मसमष्टि का फलस्वरूप है, बच्चा जब जगत् में पैदा होता है, तब वह प्रकृति के हाथ से एकदम निकल नहीं आता, जैसे कवि बड़े आनंद से वर्णन करते हैं। उस पर अनादिकाल के कर्मों का बोझा लदा रहता है। इसमें चाहे भला हो, चाहे बुरा, वह यहाँ अपने पूर्वकृत कर्मों का फल भोगने आता है। उसी से इस वैषम्य की सृष्टि हुई है। यही कर्मविधान है। हम में से प्रत्येक मनुष्य अपना-अपना अदृश्य गढ़ रहा है। इसी मतवाद द्वारा अदृष्टवाद का खंडन तथा ईश्वर पर लगाया जानेवाला निष्ठुरता-दोष असिद्ध होता है; हम, हमीं लोग अपने फलभोगों के लिए जिम्मेदार हैं, दूसरा कोई नहीं। हमीं कार्य हैं और हमीं कारण। अत: हम स्वतंत्र हैं। यदि मैं दु:खी हूँ तो यह अपने ही किए का फल है और उसी से पता चलता है कि जो मैं चाहूँ तो सुखी भी हो सकता हूँ। यदि मैं अपवित्र हूँ तो वह भी मेरा अपना ही किया हुआ है और उसी से ज्ञान होता है कि जो मैं चाहूँ तो पवित्र भी हो सकता हूँ। मनुष्य की इच्छाशक्ति किसी भी घटना के अधीन नहीं। इसके सामने मनुष्य की प्रबल, विराट्, अनंत इच्छाशक्ति और स्वतंत्रता के सामने—सभी शक्तियाँ, यहाँ तक कि प्राकृतिक शक्तियाँ भी सिर झुका देंगी, दब जाएँगी और इसकी गुलामी करेंगी।

आप लोग यह जानते ही हैं कि हममें से प्रत्येक मनुष्य अनादि अतीत कर्मसमष्टि का फलस्वरूप है, बच्चा जब जगत् में पैदा होता है, तब वह प्रकृति के हाथ से एकदम निकल नहीं आता, जैसे कवि बड़े आनंद से वर्णन करते हैं। उस पर अनादिकाल के कर्मों का बोझा लदा रहता है। इसमें चाहे भला हो, चाहे बुरा, वह यहाँ अपने पूर्वकृत कर्मों का फल भोगने आता है।

दूसरा प्रश्न स्वभावत: यही होगा कि आत्मा क्या है? हमारे शास्त्रों में कहे हुए ईश्वर को भी हम बिना आत्मा को जाने नहीं समझ सकते। भारत

में और भारत के बाहर भी, बाह्य प्रकृति की आलोचना द्वारा सर्वातीत सत्ता की झलक पाने की चेष्टाएँ हो चुकी हैं और हम सभी जानते हैं कि इनका क्या सोचनीय फल निकला। संसारातीत वस्तु की झलक पाने के बदले, जितनी ही हम जड़ जगत् की आलोचना करते हैं, उतने ही हम जड़भावापन्न होते जाते हैं। जड़ जगत् से हम जितना सरोकार रखते हैं, उतना ही हमारा बचा-खुचा धर्मभाव भी काफूर हो जाता है; इसीलिए धर्मभाव का, ब्रह्मवस्तु के ज्ञान का यह रास्ता नहीं। अपने अंदर, अपनी आत्मा के अंदर, उसका अनुसंधान करना होगा। बाह्य जगत् की घटनाएँ उस सर्वातीत अनंत सत्ता के विषय में हमें कुछ नहीं बताती हैं। केवल अंतर्जगत् के अन्वेषण से ही उसका पता चलता है। अत: आत्मतत्त्व के अन्वेषण तथा उसके विश्लेषण द्वारा ही परमात्मतत्त्व का ज्ञान प्राप्त होना संभव है।

जीवात्मा के स्वरूप के विषय में भारत के विभिन्न संप्रदायों में मतभेद है सही, पर उनमें कुछ बातों में ऐक्य भी है। हम सभी मानते हैं कि सभी जीवात्माएँ आदि-अंतरहित हैं और स्वरूपत: अविनाशी हैं और यह भी कि सर्वविध शक्ति, आनंद, पवित्रता, सर्वव्यापिता और सर्वज्ञता प्रत्येक आत्मा में अंतर्निहित है। यह एक महान् तत्त्व है, जिसे हमें याद रखना चाहिए। प्रत्येक मनुष्य और प्रत्येक प्राणी में, वह चाहे जितना दुर्बल या दुष्ट, बड़ा या छोटा हो, वही सर्वव्यापी, सर्वज्ञ आत्मा विराजमान है। अंतर जो कुछ है, वह आत्मा में नहीं, उसके प्रकाश की न्यूनाधिकता में है। मुझमें और एक छोटे-से-छोटे

जीवात्मा के स्वरूप के विषय में भारत के विभिन्न संप्रदायों में मतभेद है सही, पर उनमें कुछ बातों में ऐक्य भी है। हम सभी मानते हैं कि सभी जीवात्माएँ आदि-अंतरहित हैं और स्वरूपत: अविनाशी हैं और यह भी कि सर्वविध शक्ति, आनंद, पवित्रता, सर्वव्यापिता और सर्वज्ञता प्रत्येक आत्मा में अंतर्निहित है।

प्राणी में अंतर केवल प्रकाश के तारतम्य में है, पर स्वरूपतः वह और मैं एक ही हैं, वह मेरा भाई है, उसकी और मेरी आत्मा एक ही है। यही सबसे महान् तत्त्व है। इसी का भारत ने जगत् में प्रचार किया है।

मानवजाति में भ्रातृभाव की जो बात अन्यान्य देशों में सुनाई पड़ती है, उसने भारत में समस्त चेतन सृष्टि में 'भ्रातृभाव' का रूप धारण किया है, जिसमें सभी प्राणी छोटी-छोटी चींटियों तक सभी जानवर शामिल हैं; ये सभी हमारे शरीर हैं।

जैसा हमारा शास्त्र कहता है, "एव तु पण्डिततैर्ज्ञात्वा सर्वभूतमयं हरिम" इत्यादि, "इसी तरह पंडित लोग उस प्रभु को सर्वभूतमय जानकर सब प्राणियों की ईश्वर-बुद्धि से उपासना करेंगे।" यही कारण है कि भारतवर्ष में गरीबों, जानवरों, सभी प्राणियों और वस्तुओं के बारे में ऐसी करुणापूर्ण धारणाएँ पोषण की जाती हैं। हमारी आत्मासंबंधी यह धारणा हमारे लिए साधारण मिलनभूमि है।

जैसा हमारा शास्त्र कहता है, "एव तु पण्डिततैर्ज्ञात्वा सर्वभूतमयं हरिम" इत्यादि, "इसी तरह पंडित लोग उस प्रभु को सर्वभूतमय जानकर सब प्राणियों की ईश्वर-बुद्धि से उपासना करेंगे।" यही कारण है कि भारतवर्ष में गरीबों, जानवरों, सभी प्राणियों और वस्तुओं के बारे में ऐसी करुणापूर्ण धारणाएँ पोषण की जाती हैं। हमारी आत्मासंबंधी यह धारणा हमारे लिए साधारण मिलनभूमि है।

अब हम स्वाभाविकतः ईश्वर तत्त्वसंबंधी विचार कर आते हैं, परंतु एक बात आत्मा के संबंध में और रह गई। जो लोग अंग्रेजी भाषा का अध्ययन करते हैं, उन्हें प्रायः 'सोल और माइंड' (आत्मा और मन) के अर्थ में भ्रम हो जाता है। संस्कृत 'आत्मा' और अंग्रेजी 'सोल' ये दोनों शब्द भिन्नार्थवाचीय हैं। हम जिसे 'मन' कहते हैं, पश्चिम के लोग उसे सोल (आत्मा) कहते हैं। पश्चिम देशवालों को आत्मा का यथार्थ

ज्ञान कभी नहीं था। यह हमारा स्थूल शरीर है, इसके पीछे मन है, किंतु यह मन आत्मा नहीं है। यह सूक्ष्म शरीर है, सूक्ष्म तन्मात्राओं का बना हुआ है। यही जन्म और मृत्यु के फेर में पड़ा हुआ है, परंतु मन के पीछे है, आत्मा—मनुष्यों की यथार्थ सत्ता। इस आत्मा शब्द का अनुवाद 'सोल या माइंड' नहीं हो सकता। अतएव हम 'आत्मा' शब्द का ही प्रयोग करेंगे अथवा आजकल के पाश्चात्य दार्शनिकों के मतानुसार 'सेल्फ' शब्द का।

तुम चाहे जिस शब्द का प्रयोग करो, किंतु तुम्हें यह साफ-साफ समझ लेना चाहिए कि आत्मा और स्थूल शरीर दोनों मन से संपूर्ण पृथक् हैं और वही आत्मा मन और सूक्ष्म शरीर के साथ, जन्म और मृत्यु के मार्ग में घूम रही है। और जब समय आता है और उसे सर्वज्ञता तथा पूर्णत्व प्राप्त होते हैं, तब वह जन्म-मृत्यु के फंदे से छूट जाती है तथा पूर्ण स्वतंत्र हो जाती है। मन या सूक्ष्म शरीर को वह यदि चाहे तो रख सकती है अथवा उसका त्याग कर चिरकाल के लिए संपूर्ण स्वाधीन भाव से रह सकती है।

तुम चाहे जिस शब्द का प्रयोग करो, किंतु तुम्हें यह साफ-साफ समझ लेना चाहिए कि आत्मा और स्थूल शरीर दोनों मन से संपूर्ण पृथक् हैं और वही आत्मा मन और सूक्ष्म शरीर के साथ, जन्म और मृत्यु के मार्ग में घूम रही है। और जब समय आता है और उसे सर्वज्ञता तथा पूर्णत्व प्राप्त होते हैं, तब वह जन्म-मृत्यु के फंदे से छूट जाती है तथा पूर्ण स्वतंत्र हो जाती है।

आत्मा का लक्ष्य स्वाधीनता ही है। हमारे धर्म की यही विशेषता है। हमारे धर्म में भी स्वर्ग और नरक हैं, परंतु वे चिरस्थायी नहीं हैं। स्वर्ग और नरक के स्वरूप पर विचार करने से यह सहज ही मालूम हो जाएगा कि ये चिरस्थायी नहीं हो सकते। यदि स्वर्ग हो भी, तो वहाँ मर्त्यलोक की ही पुनरावृत्ति होगी। माना कि वहाँ सुख कुछ अधिक है, भोग कुछ ज्यादा है, परंतु इससे आत्मा का अशुभ ही अधिक होगा। ऐसे स्वर्ग अनेक हैं। इहलोक में जो लोग फलप्राप्ति

की इच्छा से सत्कर्म करते हैं, वे लोग मृत्यु के बाद ऐसे ही किसी स्वर्ग में इंद्रादि देवताओं के रूप में जन्म लेते हैं। यह देवत्व एक पदविशेष है। देवता भी किसी समय मनुष्य थे। सत्कर्मों के कारण उन्हें देवत्व की प्राप्ति हुई है। इंद्र-वरुणादि किसी देवताविशेष के नाम नहीं है। हजारों इंद्र होंगे। राजा नहुष ने मृत्यु के पश्चात् इंद्रत्व पाया था। इंद्रत्व केवल एक पद है। किसी ने अच्छे कर्म किए, जिनके फल से उसकी उन्नति हुई और उसने इंद्रत्व का लाभ किया, कुछ दिन वह उसी पद पर प्रतिष्ठित रहा, फिर देव-शरीर को छोड़, उसने मनुष्य का तन धारण किया। मनुष्य का जन्म सब जन्मों से श्रेष्ठ है। कोई-कोई देवता स्वर्ग सुख की इच्छा छोड़ मुक्ति-प्राप्ति की चेष्टा कर सकते हैं, परंतु जिस प्रकार इस संसार के अधिकांश लोग धन, मान और ऐश्वर्य पा जाने पर ऊँचे तत्त्वों को भूल जाते हैं, उसी प्रकार अधिकांश देवता भी ऐश्वर्य के नशे में मतवाले होकर मुक्ति का प्रयत्न नहीं करते। शुभ कर्मों का फल भोग करके, वे फिर इस पृथ्वी में नर-शरीर धारण करते हैं। अतएव यह पृथ्वी ही कर्मभूमि है। इस पृथ्वी ही से हम मुक्तिलाभ कर सकते हैं। अतएव हमें इन स्वर्गों की कोई आवश्यकता नहीं। तो फिर हमें क्या चाहिए? मुक्ति।

किसी ने अच्छे कर्म किए, जिनके फल से उसकी उन्नति हुई और उसने इंद्रत्व का लाभ किया, कुछ दिन वह उसी पद पर प्रतिष्ठित रहा, फिर देव-शरीर को छोड़, उसने मनुष्य का तन धारण किया। मनुष्य का जन्म सब जन्मों से श्रेष्ठ है।

हमारे शास्त्र कहते हैं कि अच्छे स्वर्ग में भी तुम प्रकृति के दास हो। बीस हजार वर्ष तक तुमने राज्यभोग किया; पर इससे हुआ क्या? जब तक तुम्हारा शरीर रहेगा, तब तक तुम सुख के दास ही हो। जब तक देश और काल का तुम पर प्रभुत्व है, तब तक तुम शर्त-बँधे गुलाम ही हो। इसीलिए हमें बहि:प्रकृति और अंत:प्रकृति, दोनों पर विजय प्राप्त करनी होगी। प्रकृति को तुम्हारे पैरों तले रहना चाहिए और इसे तलवे के नीचे

रखकर, इसके बाहर चलकर तुम्हें स्वाधीन भाव से अपनी महिमा में अपने आपको प्रतिष्ठित करना होगा। तब तुम जन्म के अतीत हो गए, अतएव तुम मृत्यु के भी पार जा चुके। तब तुम्हारा सुख दूर हो गया, अतएव तुम दुःख से भी अलग हो गए। उसी समय तुम सर्वातीत, अव्यक्त, अविनाशी आनंद के अधिकारी हुए। यहाँ जिसे हम सुख और कल्याण कहते हैं, वह उसी अनंत आनंद का एक कणमात्र है। वही अनंत आनंद हमारा लक्ष्य है।

आत्मा जिस प्रकार अनंत आनंदस्वरूप है, उसी प्रकार वह लिंगभेद रहित है। आत्मा के विषय में यह नहीं कहा जा सकता कि वह पुरुष है या स्त्री। यह स्त्री और पुरुष का भेद तो केवल देह के संबंध में है। अतएव आत्मा पर स्त्री-पुरुष-भेद का आरोप करना केवल भ्रम है, यह लिंग-भेद शरीर के विषय में ही सत्य है। आत्मा की आयु का भी निर्देश नहीं किया जा सकता। वह पुरातन पुरुष सदा समस्वरूप ही में वर्तमान है।

आत्मा जिस प्रकार अनंत आनंदस्वरूप है, उसी प्रकार वह लिंगभेद रहित है। आत्मा के विषय में यह नहीं कहा जा सकता कि वह पुरुष है या स्त्री। यह स्त्री और पुरुष का भेद तो केवल देह के संबंध में है। अतएव आत्मा पर स्त्री-पुरुष-भेद का आरोप करना केवल भ्रम है, यह लिंग-भेद शरीर के विषय में ही सत्य है। आत्मा की आयु का भी निर्देश नहीं किया जा सकता।

तो यह आत्मा संसार में बद्ध किस प्रकार हो गई? इस प्रश्न का केवल एक ही उत्तर शास्त्र देते हैं। अज्ञान ही बंधन का कारण है। हम अज्ञान के ही कारण बँधे हुए हैं। ज्ञान से अज्ञान दूर होगा। यही ज्ञान हमें अँधेरे के उस पार ले जाएगा। तो इस ज्ञानप्राप्ति का क्या उपाय? भक्तिपूर्वक ईश्वराराधन द्वारा और सर्व भूतों को परमात्मा का मंदिर समझकर सर्व भूतों से प्रेम करने से ज्ञान होता है। ईश्वर के अनुराग की प्रबलता से ज्ञान का उदय होगा, अज्ञान दूर होगा, सब बंधन टूट जाएँगे और आत्मा को मुक्ति मिलेगी।

हमारे शास्त्रों में परमात्मा के दो रूप कहे गए हैं—सगुण और निर्गुण। सगुण ईश्वर के अर्थ से वे सर्वव्यापी हैं, संसार की सृष्टि, स्थिति और प्रलय के कर्ता हैं, संसार के अनादि जनक तथा जननी हैं। उनके साथ हमारा नित्य भेद है। मुक्ति का अर्थ, उनके सामीप्य और सालोक्य की प्राप्ति है। सगुण ब्रह्म के ये सब विशेषण निर्गुण ब्रह्म के संबंध में अनावश्यक और अयौक्तिक हैं, इसलिए त्याज्य कर दिए गए। वह निर्गुण और सर्वव्यापी पुरुष ज्ञानवान नहीं कहा जा सकता; क्योंकि ज्ञान मन का धर्म है। वह चिंताशील नहीं कहा जा सकता; क्योंकि चिंता ससीम जीवों के ज्ञानलाभ का उपाय मात्र है। वह विचारपरायण नहीं कहा जा सकता; क्योंकि विचार भी ससीम है और दुर्बलता का चिह्न मात्र है। वह सृष्टिकर्ता भी नहीं कहा जा सकता, क्योंकि जो बंधनहीन है, मुक्त है, उसे कभी सृष्टि की प्रवृत्ति नहीं हो सकती। उसका बंधन ही क्या हो सकता है, बिना कोई प्रयोजन के कोई काम नहीं कर सकता; उसे फिर प्रयोजन क्या है? वेदों में उसके लिए 'सः' शब्द का प्रयोग नहीं किया गया, 'सः' शब्द द्वारा निर्देश न करके निर्गुण भाव समझाने के लिए 'तत्' शब्द द्वारा उसका निर्देश किया गया है। 'सः' शब्द से कहे जाने से वह व्यक्तिविशेष हो जाता है, इससे जीव-जगत् के साथ उसका संपूर्ण पार्थक्य सूचित हो जाता है। इसलिए निर्गुणवाचक 'तत्' शब्द का प्रयोग किया गया है और 'तत्' शब्द से निर्गुण ब्रह्म का

हमारे शास्त्रों में परमात्मा के दो रूप कहे गए हैं—सगुण और निर्गुण। सगुण ईश्वर के अर्थ से वे सर्वव्यापी हैं, संसार की सृष्टि, स्थिति और प्रलय के कर्ता हैं, संसार के अनादि जनक तथा जननी हैं। उनके साथ हमारा नित्य भेद है। मुक्ति का अर्थ, उनके सामीप्य और सालोक्य की प्राप्ति है। सगुण ब्रह्म के ये सब विशेषण निर्गुण ब्रह्म के संबंध में अनावश्यक और अयौक्तिक हैं, इसलिए त्याज्य कर दिए गए।

प्रचार हुआ है। इसी को 'अद्वैतवाद' कहते हैं।

इस निर्गुण पुरुष के साथ हमारा क्या संबंध है? संबंध यह है कि हम इससे अभिन्न हैं, वह और हम एक हैं। हर एक मनुष्य उसी निर्गुण पुरुष का, जो सब प्राणियों का मूल कारण है, अलग-अलग प्रकाश है। जब हम इस अनंत और निर्गुण पुरुष से अपने को पृथक् सोचते हैं, तभी हमारे दुःख की उत्पत्ति होती है और इस अनिर्वचनीय निर्गुण सत्ता के साथ अभेद-ज्ञान ही मुक्ति है। संक्षेपतः, हम अपने शास्त्रों में ईश्वर के इन्हीं दोनों 'भावों' का उल्लेख देखते हैं। यहाँ यह कहना आवश्यक है कि निर्गुण ब्रह्मवाद ही सब प्रकार के नीति-विज्ञानों की नींव है।

अति प्राचीन काल ही से प्रत्येक जाति में यह सत्य कि 'मनुष्यजाति को आत्मवत् प्यार करना चाहिए', प्रचारित किया गया है। फिर भारत में तो मनुष्य और प्राणियों में कोई भेद ही नहीं रखा गया, सभी को आत्मवत् प्यार करने का उपदेश किया गया है; परंतु अन्य प्राणियों को आत्मवत् प्यार करने से क्यों कल्याण होगा, इसका कारण किसी ने नहीं बताया।

अति प्राचीन काल ही से प्रत्येक जाति में यह सत्य कि 'मनुष्यजाति को आत्मवत् प्यार करना चाहिए', प्रचारित किया गया है। फिर भारत में तो मनुष्य और प्राणियों में कोई भेद ही नहीं रखा गया, सभी को आत्मवत् प्यार करने का उपदेश किया गया है; परंतु अन्य प्राणियों को आत्मवत् प्यार करने से क्यों कल्याण होगा, इसका कारण किसी ने नहीं बताया। एकमात्र निर्गुण ब्रह्मांड को एक आंड स्वरूप देखोगे, जब तुम समझोगे कि दूसरे को प्यार करना, अपने ही को प्यार करना है। दूसरे को हानि पहुँचाना, अपने ही को हानि पहुँचाना है। तभी हम समझेंगे कि दूसरे का अहित करना क्यों अनुचित है। अतएव यह निर्गुण ब्रह्मवाद ही नीतिविज्ञान का मूल कारण माना जा सकता है।

अद्वैतवाद का प्रसंग उठाते हुए और भी अनेक बातों की याद आ जाती है। सगुण ईश्वर पर विश्वास हो तो हृदय में कैसा अपूर्व प्रेम उमड़ता है, यह मैं जानता हूँ। मैं अच्छी तरह समझता हूँ कि भिन्न-भिन्न समय की आवश्यकतानुसार मनुष्यों पर भक्ति का कैसा प्रभाव पड़ा है, परंतु हमारे देश में अब रोने का समय नहीं है, अब कुछ वीरता की आवश्यकता है। इस निर्गुण ब्रह्म पर विश्वास होने से सब प्रकार के कुसंस्कारों से छूटकर, "मैं ही वह निर्गुण ब्रह्म हूँ", इस ज्ञान के सहारे अपने ही पैरों पर खड़े होने से हृदय में कैसी अद्‌भुत शक्ति भर जाती है और फिर भय, मुझे किसका भय है? मैं प्रकृति के नियमों की भी परवाह नहीं करता। मृत्यु मेरे निकट उपहास है। मनुष्य तब अपनी उस आत्मा की महिमा में प्रतिष्ठित हो जाता है, जो अनादि है, अनंत है, अविनाशी है, जिसे कोई शस्त्र छेद नहीं सकता, आग जला नहीं सकती, पानी गीला नहीं कर सकता, वायु सुखा नहीं सकती, जो अनंत है, जन्म, मृत्यु-रहित है तथा जिसकी महत्ता के सामने सूर्य चंद्रादि, यहाँ तक कि सारा ब्रह्मांड सिंधु में बूँद तुल्य प्रतीत होता है, जिसकी महत्ता के सामने देश और काल का भी अस्तित्व लुप्त हो जाता है। हमें इसी महामहिम आत्मा पर विश्वास करना होगा, तभी वीरता आएगी।

अद्वैतवाद का प्रसंग उठाते हुए और भी अनेक बातों की याद आ जाती है। सगुण ईश्वर पर विश्वास हो तो हृदय में कैसा अपूर्व प्रेम उमड़ता है, यह मैं जानता हूँ। मैं अच्छी तरह समझता हूँ कि भिन्न-भिन्न समय की आवश्यकतानुसार मनुष्यों पर भक्ति का कैसा प्रभाव पड़ा है, परंतु हमारे देश में अब रोने का समय नहीं है, अब कुछ वीरता की आवश्यकता है।

तुम जो कुछ सोचोगे, तुम वही हो जाओगे; यदि तुम अपने को दुर्बल समझोगे, तो तुम दुर्बल हो जाओगे; तेजस्वी सोचोगे तो तेजस्वी

बन जाओगे; यदि तुम अपने को अपवित्र सोचोगे तो तुम अपवित्र हो जाओगे; अपने को शुद्ध सोचोगे तो तुम शुद्ध हो जाओगे। अद्वैतवाद हमें यह उपदेश नहीं देता कि तुम अपने को कमजोर समझो, किंतु वह हमें तेजस्वी, सर्वशक्तिमान और सर्वज्ञ सोचने को कहता है। यह भाव हममें चाहे अब तक प्रकाशित न हुआ हो, किंतु वह हमारे भीतर है जरूर। हमारे भीतर संपूर्ण ज्ञान, सारी शक्तियाँ, पूर्ण पवित्रता और स्वाधीनता के भाव विद्यमान हैं, तो हम उन्हें जीवन में प्रकाशित क्यों नहीं कर सकते? कारण यह कि उन पर हमारा विश्वास नहीं है। यदि हम किसी समय उन पर विश्वास कर सकें, तो उनका विकास होगा, अवश्य होगा। अद्वैतवाद हमें यही शिक्षा देता है। बिल्कुल बचपन से ही बच्चों को बलवान बनाओ, उन्हें दुर्बलता अथवा किसी बाहरी अनुष्ठान की शिक्षा न दी जाए। वे तेजस्वी हों, अपने ही पैरों पर खड़े हो सकें, साहसी, सर्व-विजयी, सर्वसह हों; परंतु सबसे पहले उन्हें आत्मा की महिमा की शिक्षा मिलनी चाहिए। यह शिक्षा वेदांत में, केवल वेदांत में प्राप्त होगी। वेदांत में अन्यान्य धर्मों की तरह भक्ति, उपासना आदि की भी अनेक बातें हैं, यथेष्ट मात्रा में हैं; परंतु मैं जिस आत्मतत्त्व की बात कह रहा हूँ, वही जीवन है, शक्तिप्रद और अत्यंत अपूर्व है। केवल वेदांत में ही यह महान् तत्त्व है, जिससे सारे संसार के भावों की जड़ हिल जाएगी और जड़-विज्ञान के साथ धर्म की एकता सिद्ध होगी।

अद्वैतवाद हमें यह उपदेश नहीं देता कि तुम अपने को कमजोर समझो, किंतु वह हमें तेजस्वी, सर्वशक्तिमान और सर्वज्ञ सोचने को कहता है। यह भाव हममें चाहे अब तक प्रकाशित न हुआ हो, किंतु वह हमारे भीतर है जरूर। हमारे भीतर संपूर्ण ज्ञान, सारी शक्तियाँ, पूर्ण पवित्रता और स्वाधीनता के भाव विद्यमान हैं, तो हम उन्हें जीवन में प्रकाशित क्यों नहीं कर सकते?

तुम्हारे निकट मैंने अपने धर्म के मुख्य तत्त्व कह दिए। किस प्रकार वे काम में लाए जाएँगे, अब उस विषय पर कुछ बातें कहूँगा। मैंने पहले ही कहा है कि भारत की वर्तमान परिस्थिति जैसी हैं, तदनुसार उसमें अनेक संप्रदायों का रहना स्वाभाविक है। अत: यहाँ अनेक संप्रदाय देखने को मिलते हैं और साथ ही यह जानकर आश्चर्य होता है कि ये संप्रदाय आपस में लड़ते-झगड़ते नहीं। शैव यह नहीं कहता कि हरेक वैष्णव जहन्नुम को जा रहा है, न वैष्णव ही शैव को यह कहता है। शैव कहता है, "यह हमारा मार्ग है, तुम अपने में रहो; अंत में हम एक ही जगह पहुँचेंगे।"

यह बात भारत के सभी मनुष्य जानते हैं। यही इष्टनिष्ठा है। बहुत पुराने जमाने में यह स्वीकृत हो चुका था कि ईश्वर की उपासना के कितने ही तरीके हैं और यह भी समझ में आ गया था कि भिन्न-भिन्न स्वभाव के मनुष्यों के लिए भिन्न-भिन्न मार्ग आवश्यक हैं। तुम जिस रास्ते से चलकर ईश्वर लाभ करोगे, वह रास्ता संभव है, मेरे लिए उपयोगी न हो। संभव है, उससे मेरी क्षति हो। यह धारणा कि हरेक के लिए एक ही मार्ग है, हानिकर है, अर्थहीन है और सर्वथा त्याज्य है। संसार के लिए वह बड़ा बुरा दिन होगा, यदि हरेक मनुष्य का धार्मिक मत एक हो जाए और हरेक एक ही मार्ग का अवलंबन करने लगे। तब तो सब धर्म और सारे विचार नष्ट हो जाएँगे, तब तो सब लोगों की स्वाधीन विचार-शक्ति और वास्तविक विचार-भाव

यह बात भारत के सभी मनुष्य जानते हैं। यही इष्टनिष्ठा है। बहुत पुराने जमाने में यह स्वीकृत हो चुका था कि ईश्वर की उपासना के कितने ही तरीके हैं और यह भी समझ में आ गया था कि भिन्न-भिन्न स्वभाव के मनुष्यों के लिए भिन्न-भिन्न मार्ग आवश्यक हैं। तुम जिस रास्ते से चलकर ईश्वर लाभ करोगे, वह रास्ता संभव है, मेरे लिए उपयोगी न हो। संभव है, उससे मेरी क्षति हो।

नष्ट हो जाएँगे! वैचित्र्य ही जीवन का मूल सूत्र है। इसका यदि अंत हो जाए तो सारी सृष्टि का लोप हो जाएगा। यह भिन्नता जब तक विचारों में रहेगी, तब तक हम अवश्य जीते रहेंगे। अतएव इस भिन्नता के कारण हमें लड़ना नहीं चाहिए। तुम्हारा मार्ग तुम्हारे लिए अत्युत्तम है, परंतु हमारे लिए नहीं। मेरी राह मेरे लिए अच्छी है, पर तुम्हारे लिए नहीं। इसी राह को संस्कृत में 'इष्ट' कहते हैं। अतएव याद रखो, संसार के किसी भी धर्म से हमारा विरोध नहीं है, क्योंकि हरेक का इष्ट भिन्न है, परंतु जब हम मनुष्यों को आकर यह कहते हुए सुनते हैं कि 'एकमात्र मार्ग केवल यही है' और जब भारत जैसे असांप्रदायिक देश में सब लोगों को जबरदस्ती अपने मत पर ले आने की उन्हें कोशिश करते देखते हैं, तब हमें हँसी आ जाती है; क्योंकि ऐसे मनुष्य, जोकि अपने भाइयों को एक दूसरे पथ से ईश्वर की ओर जाते हुए देख उनका सत्यानाश करना चाहते हैं, यदि वे उनके प्रति प्यार की बातें करें, तो यह वृथा है। उनके प्रेम का मोल कुछ नहीं है। प्रेम का प्रचार वे किस तरह कर सकते हैं, जब वे किसी को एक-दूसरे मार्ग से ईश्वर की ओर जाते नहीं देख सकते, यदि यह प्रेम है तो फिर द्वेष क्या हुआ ?

ऐसे मनुष्य, जोकि अपने भाइयों को एक दूसरे पथ से ईश्वर की ओर जाते हुए देख उनका सत्यानाश करना चाहते हैं, यदि वे उनके प्रति प्यार की बातें करें, तो यह वृथा है। उनके प्रेम का मोल कुछ नहीं है। प्रेम का प्रचार वे किस तरह कर सकते हैं, जब वे किसी को एक-दूसरे मार्ग से ईश्वर की ओर जाते नहीं देख सकते, यदि यह प्रेम है तो फिर द्वेष क्या हुआ ?

हमारा झगड़ा संसार के किसी भी धर्म से नहीं है, चाहे वह मनुष्यों को ईसा की पूजा करने की शिक्षा दे अथवा मुहम्मद की अथवा किसी दूसरे अवतार की। हिंदू कहते हैं, "प्यारे भाइयो, हम तुम्हारी सादर सहायता करेंगे, परंतु तुम भी हमें अपने मार्ग पर चलने दो। यही हमारा इष्ट है।

तुम्हारा मार्ग बहुत अच्छा है, इसमें कोई संदेह नहीं, परंतु वह मेरे लिए, संभव है, घोर हानिकर हो। मेरी अपनी अभिज्ञता मुझे बताती है, कौन सा भोजन मेरे लिए अच्छा है। यह बात डॉक्टरों का समूह भी मुझे नहीं बता सकता। इसी प्रकार अपनी निज की अभिज्ञता से मैं जानता हूँ, कौन मार्ग मेरे लिए सर्वोत्तम है।"

यही लक्ष्य है, इष्ट है और इसलिए हम कहते हैं कि यदि मंदिर, यंत्र या प्रतिमा के सहारे तुम अपने भीतर आत्मा में स्थित परमेश्वर को जान सको तो इसके लिए हमारी ओर से बधाई है। चाहे तो दो सौ मूर्तियाँ गढ़ो। यदि किसी अनुष्ठान द्वारा तुम ईश्वर को प्राप्त कर सको, तो बिना विलंब उसका अनुष्ठान करो। चाहे जो क्रिया हो, चाहे जो अनुष्ठान हो, यदि वह तुम्हें ईश्वर के समीप ले जा रहा है तो उसी को ग्रहण करो, जिस किसी मंदिर में जाने से तुम्हें ईश्वर-लाभ में सहायता मिले तो वहीं जाकर उपासना करो, परंतु उन मार्गों पर विवाद मत करो। जिस समय तुम विवाद करते हो, उस समय तुम ईश्वर को ओर नहीं जाते, बढ़ते नहीं, वरन् उल्टे पशुत्व की ओर चले जाते हो।

यही लक्ष्य है, इष्ट है और इसलिए हम कहते हैं कि यदि मंदिर, यंत्र या प्रतिमा के सहारे तुम अपने भीतर आत्मा में स्थित परमेश्वर को जान सको तो इसके लिए हमारी ओर से बधाई है। चाहे तो दो सौ मूर्तियाँ गढ़ो। यदि किसी अनुष्ठान द्वारा तुम ईश्वर को प्राप्त कर सको, तो बिना विलंब उसका अनुष्ठान करो।

ये ही कुछ बातें हमारे धर्म की हैं। हमारा धर्म किसी को अलग नहीं करता। वह सभी को समेट लेता है। यद्यपि हमारे जाति भेद और अन्यान्य नियम, धर्म के साथ आपस में मिले हुए दिखते हैं, तथापि बात ऐसी नहीं। ये नियम हमारी जाति की रक्षा के लिए आवश्यक थे और जब आत्मरक्षा के लिए इनकी जरूरत न रह जाएगी, तब स्वभावतः ये नष्ट हो जाएँ,

किंतु उम्र ज्यों-ज्यों बढ़ती जाती है, त्यों-त्यों ये पुरानी प्रथाएँ मुझे भली प्रतीत होती जाती हैं। एक समय ऐसा था, जब मैं इनमें से अधिकांश को अनावश्यक तथा व्यर्थ समझता था; परंतु वयोवृद्धि के साथ-साथ उनमें से किसी के विरुद्ध कुछ भी कहते मुझे संकोच होता है, क्योंकि उनका आविष्कार सैकड़ों सदियों की अभिज्ञता का फल है। कल का छोकरा, कल ही जिसकी मृत्यु हो सकती है, यदि मेरे पास आए और मेरे चिरकाल के संकल्पों को छोड़ देने को कहे और यदि मैं उस लड़के के मतानुसार अपने कामों की गति पलट दूँ, तो अहमक मैं ही हुआ, दूसरा और कोई नहीं।

भारतेतर भिन्न-भिन्न देशों से समाज-सुधार के विषय के, यहाँ कितने ही उपदेश आते हैं, वे भी अधिकांश ऐसे ही हैं। वहाँ के लोगों से कहो कि तुम जब अपने समाज का स्थायी संगठन कर सकोगे, तब तुम्हारी बात मानेंगे। तुम किसी भाव को दो दिन के लिए भी धारण नहीं कर सकते। विवाद करके उसको छोड़ देते हो। तुम्हारा जीवन कीड़ों की तरह क्षणस्थायी है। उन्हीं की तरह पाँच मिनट में तुम मर जाते हो। बुलबुले की भाँति तुम्हारी उत्पत्ति होती है और बुलबुले की भाँति तुम्हारा नाश। पहले हमारे जैसा स्थायी समाज संगठित करो। पहले कुछ ऐसे सामाजिक नियमों और प्रथाओं को संचारित करो, जिनकी शक्ति हजारों वर्ष अक्षुण्ण रहे, तब तुम्हारे साथ इस विषय का वार्त्तालाप करने का समय आएगा, किंतु जब तक ऐसा नहीं होगा, तब तक मित्रो, तुम चंचल बालक मात्र हो।

भारतेतर भिन्न-भिन्न देशों से समाज-सुधार के विषय के, यहाँ कितने ही उपदेश आते हैं, वे भी अधिकांश ऐसे ही हैं। वहाँ के लोगों से कहो कि तुम जब अपने समाज का स्थायी संगठन कर सकोगे, तब तुम्हारी बात मानेंगे। तुम किसी भाव को दो दिन के लिए भी धारण नहीं कर सकते। विवाद करके उसको छोड़ देते हो। तुम्हारा जीवन कीड़ों की तरह क्षणस्थायी है।

मुझे अपने धर्म के विषय पर जो कुछ कहना था, वह मैं कह चुका। अब मैं तुम्हें उस बात की याद दिलाना चाहता हूँ, जिसकी इस समय विशेष आवश्यकता है। धन्यवाद है महाभारत के प्रणेता महान् व्यासजी को, जिन्होंने कहा है, कलियुग में दान ही एकमात्र धर्म है। तप और कठिन योगों की साधना इस युग में नहीं होती। इस युग में दान देने तथा दूसरों की सहायता करने की विशेष जरूरत है। दान शब्द का क्या अर्थ है? सब दानों से श्रेष्ठ है धर्मदान, फिर विद्या-दान, फिर प्राण-दान, भोजन-कपड़े का दान सबसे निकृष्ट दान है। जो धर्म का ज्ञान-दान करते हैं, वे अनंत जन्म और मृत्यु के प्रवाह से आत्मा की रक्षा करते हैं। जो विद्यादान करते हैं, वे मनुष्य की आँखें खोलते हैं, उन्हें अध्यात्म-ज्ञान का पथ दिखा देते हैं। दूसरा दान, यहाँ तक कि प्राण-दान भी उनके निकट तुच्छ है। अतएव तुम्हें समझ लेना चाहिए कि अन्यान्य सब कर्म आध्यात्मिक ज्ञान-दान से निकृष्ट हैं। आध्यात्मिक ज्ञान ही के विस्तार से मनुष्यजाति की सबसे अधिक सहायता की जा सकती है।

मुझे अपने धर्म के विषय पर जो कुछ कहना था, वह मैं कह चुका। अब मैं तुम्हें उस बात की याद दिलाना चाहता हूँ, जिसकी इस समय विशेष आवश्यकता है। धन्यवाद है महाभारत के प्रणेता महान् व्यासजी को, जिन्होंने कहा है, कलियुग में दान ही एकमात्र धर्म है। तप और कठिन योगों की साधना इस युग में नहीं होती।

आध्यात्मिकता का हमारे शास्त्रों में अनंत स्रोत है और हमारे इस त्यागी देश को छोड़ और कौन सा देश है, जहाँ धर्म की ऐसी प्रत्यक्षानुभूति का दृष्टांत देखने को मिल सकता है? संसारविषयक कुछ अभिज्ञता मैंने प्राप्त की है। मेरी बात पर विश्वास करो, अन्यान्य देशों में वागाडंबर बहुत है, किंतु ऐसे मनुष्य, जिन्होंने धर्म को अपने जीवन में परिणत किया है, यहीं, केवल यहीं हैं।

धर्म बातों में नहीं रहता है। तोता बहुत बोलता है, आजकल मशीनें भी खूब बोलती हैं, परंतु ऐसा जीवन मुझे दिखाओ, जिसमें त्याग हो, आध्यात्मिकता हो, तितिक्षा हो, अनंत प्रेम हो। ये गुण हों, तभी मनुष्य धार्मिक होता है, जबकि हमारे शास्त्रों में ऐसे सुंदर भाव विद्यमान हैं और हमारे देश में ऐसे महान् जीवनों के उदाहरण विद्यमान हैं, तब तो यह बड़े दुःख का विषय होगा। यदि हमारे श्रेष्ठ योगियों के मस्तिष्क और हृदय से निकली हुई यह चिंतारत्न-राशि, प्रत्येक व्यक्ति की—धनियों और दरिद्रों की, उच्च या नीच, यहाँ तक कि हरेक की—साधारण संपत्ति न हो सके, केवल भारत ही में नहीं, विश्व भर में इसे फैलाना चाहिए। हमारे प्रधान कर्मों में से यह भी एक मुख्य कर्म है और तुम देखोगे कि ज्यों-ज्यों तुम दूसरों को मदद पहुँचाने के लिए कर्म करोगे, त्यों-त्यों तुम अपना ही कल्याण करते रहोगे। यदि सचमुच तुम अपने धर्म पर प्रीति रखते हो, यदि सचमुच तुम अपने देश को प्यार करते हो तो दुर्बोध शास्त्रों में से रत्न-राशि ले-लेकर, उसके यथार्थ उत्तराधिकारियों को देने के लिए जी खोलकर, इस महान् व्रत की साधना में लग जाओ और तब सबसे पहले एक बात अत्यंत आवश्यक है।

धर्म बातों में नहीं रहता है। तोता बहुत बोलता है, आजकल मशीनें भी खूब बोलती हैं, परंतु ऐसा जीवन मुझे दिखाओ, जिसमें त्याग हो, आध्यात्मिकता हो, तितिक्षा हो, अनंत प्रेम हो। ये गुण हों, तभी मनुष्य धार्मिक होता है, जबकि हमारे शास्त्रों में ऐसे सुंदर भाव विद्यमान हैं और हमारे देश में ऐसे महान् जीवनों के उदाहरण विद्यमान हैं, तब तो यह बड़े दुःख का विषय होगा।

हाय! सदियों की घोर ईर्ष्या द्वारा हम जर्जर हो रहे हैं। हम सदा एक-दूसरे का बुरा ताकते हैं! क्यों अमुक व्यक्ति हमसे बढ़ गया, क्यों हम अमुक से बड़े न हो सके ? सर्वदा यही हमारी चिंता बनी रहती है, यहाँ

तक कि धर्मों में भी हम इसी श्रेष्ठता की ताक में रहते हैं। हम इस प्रकार, ईर्ष्या के दास हो गए हैं। इसे हमें दूर करना चाहिए। यदि इस समय भारत में कोई महापाप है, तो वह यही ईर्ष्या है। हरेक व्यक्ति हुकूमत जताता है, पर आज्ञापालन करने के लिए कोई भी तैयार नहीं है और यह सब इसलिए है कि प्राचीन काल के उस अद्भुत ब्रह्मचर्य आश्रम का अब पालन नहीं किया जाता।

पहले आदेश पालन करना सीखो, आदेश देना फिर स्वयं आ जाएगा। पहले सर्वदा दास होना सीखो, तभी तुम प्रभु हो सकोगे। ईर्ष्या-द्वेष छोड़ो, तभी तुम उन महान् कर्मों को कर सकोगे, जो अभी तक बाकी पड़े हैं। हमारे पूर्वजों ने बड़े-बड़े और अद्भुत-अद्भुत कर्म किए हैं, जिनकी समालोचना हम भक्ति और गर्व के साथ करते हैं, परंतु यह समय हमारे कार्य करने का है, जिसे देखकर हमारी भावी संतान गर्व करेगी और हमें योग्य पूर्वज समझेगी। हमारे पूर्व-पुरुष कितने ही श्रेष्ठ और महिमान्वित क्यों न हों, प्रभु के आशीर्वाद से, यहाँ जो लोग हैं, उनमें से हरेक वह काम कर सकेगा, जिसके आगे पूर्वजों का भी गौरव-सूर्य मलिन हो जाएगा।

□

हमारा जन्मप्राप्त धर्म

प्राचीन काल में हमारे देश में आध्यात्मिक भाव की अतिशय उन्नति हुई थी। हमें आज वही प्राचीन गाथा स्मरण करनी होगी। प्राचीन कालिक गौरव के स्मरण में सबसे बड़ी आपत्ति यह है कि हम कोई नवीन काम करना पसंद नहीं करते और केवल अपने प्राचीन गौरव के स्मरण और कीर्तन में ही संतुष्ट होकर अपने को सर्वश्रेष्ठ समझने लग जाते हैं। हमें इस संबंध में सावधान रहना चाहिए। प्राचीन काल में अनेक ऋषि-महर्षि थे, उन्हें सत्य का साक्षात्कार हुआ था, किंतु प्राचीन काल के स्मरण से वास्तविक उपकार तभी होगा, जब हम भी उनके सदृश ऋषि हो सकें, केवल इतना ही नहीं, मेरा विश्वास है कि हम और भी श्रेष्ठ ऋषि हो सकेंगे। भूतकाल में हमारी खूब उन्नति हुई थी, मुझे उसे स्मरण करते हुए बड़ा गौरव होता है। वर्तमान कालिक अवनत अवस्था को देखकर भी मैं दुःखी नहीं होता और भविष्य में जो होगा, उसे अनुमान कर भी मैं आशान्वित होता हूँ कि बीज का बीजत्व-भाव जब नष्ट होगा, तभी वह वृक्ष हो सकेगा। इस प्रकार वर्तमान अवनत अवस्था के भीतर भविष्य का महत्त्व निहित है।

हमारे जन्मप्राप्त धर्म में कौन-कौन साधारण भाव हैं। ऊपर-ऊपर

विचार करने से पता लगता है कि हमारे धर्म में नाना प्रकार के विरोध हैं। कुछ लोग अद्वैतवादी, कुछ विशिष्टा-द्वैतवादी और कुछ द्वैतवादी हैं। कोई अवतार मानते हैं, कोई मूर्तिपूजा मानते हैं तो कोई निराकारवादी हैं। आचार के संबंध में नाना प्रकार की विभिन्नता दिखाई पड़ती हैं। जाट लोग मुसलमान या ईसाई की कन्या से विवाह करने पर भी जातिच्युत नहीं होते। वे बिना किसी विरोध के सब हिंदू मंदिरों में प्रवेश कर सकते हैं। नेपाल में ब्राह्मण चारों वर्णों की कन्याओं के साथ विवाह कर सकता है। बंगाल में ब्राह्मण अपनी जाति के अन्य विभाग में भी विवाह नहीं कर सकता। इसी प्रकार और भी विभिन्नताएँ देखने में आती हैं, किंतु सभी हिंदुओं में यह एकत्व है कि कोई भी हिंदू गोमांस भक्षण नहीं करता।

हमारे धर्म के भी अंतर्भागों में एक महान् सामंजस्य है। प्रथम, शास्त्रों की आलोचना करते समय एक महत्त्वपूर्ण विषय सामने आता है, जिन धर्मों ने इतनी उन्नति की थी कि उनके भीतर एक या अनेक शास्त्रों की उत्पत्ति हो गई, वे नाना प्रकार के अत्याचार होने पर भी आज तक टिके हैं।

इस प्रकार, हमारे धर्म के भी अंतर्भागों में एक महान् सामंजस्य है। प्रथम, शास्त्रों की आलोचना करते समय एक महत्त्वपूर्ण विषय सामने आता है, जिन धर्मों ने इतनी उन्नति की थी कि उनके भीतर एक या अनेक शास्त्रों की उत्पत्ति हो गई, वे नाना प्रकार के अत्याचार होने पर भी आज तक टिके हैं। अपनी विशिष्ट सुंदरताओं के होते हुए भी शास्त्र के अभाव से यूनानी धर्म का लोप हो गया, किंतु यहूदी धर्म पुरानी गाथा के बल पर आज भी अक्षुण्ण प्रतापशाली है। संसार के सबसे प्राचीन ग्रंथ, वेद के आधार पर हिंदू धर्म की यही दशा है। वेद के दो भाग हैं—कर्मकांड और ज्ञानकांड। भारतवर्ष के सौभाग्य अथवा दुर्भाग्य से कर्मकांड का आजकल लोप हो गया है। दक्षिण में कुछ ब्राह्मण कभी-कभी अजा-बलि देकर यज्ञ करते हैं और विवाह-श्राद्धादि के मंत्रों में वैदिक क्रियाकांड का आभास

दिखाई पड़ जाता है। इस समय उसे पूर्व की भाँति पुनः प्रतिष्ठित करने का उपाय नहीं है।

कुमारिल भट्ट ने एक बार चेष्टा की थी, किंतु वे अपने प्रयत्न में असफल ही रहे। इसके बाद ज्ञानकांड है, जिसे उपनिषद्, वेदांत या श्रुति भी कहते हैं। आचार्य लोग जब कभी श्रुति का कोई वाक्य उद्धृत करते हैं तो वह उपनिषद् का ही होता है। यही वेदांत धर्म इस समय भारतवर्ष का धर्म है। यदि किसी संप्रदाय के सिद्धांतों की दृढ़ प्रतिष्ठा ईप्सित है तो उसे वेदांत का ही आधार लेना चाहिए। द्वैतवादी अथवा अद्वैतवादी सभी को उसी आधार की शरण लेनी होगी। अपने सिद्धांतों की सत्यता सिद्ध करने के लिए वैष्णवों को गोपालतापनी उपनिषद् की शरण लेनी पड़ती है। यदि किसी नए संप्रदाय को अपने सिद्धांतों के पुष्टिकारक वचन उपनिषद् में नहीं मिलते, तो वे एक नए उपनिषद् की रचना करके, प्राचीन की भाँति व्यवहार में लाने का यत्न करते हैं। भूतकाल में इसके कतिपय उदाहरण हो चुके हैं। वेदों के संबंध में हिंदुओं की यह धारणा है कि वे किसी व्यक्तिविशेष की रचना अथवा पुस्तक नहीं हैं। वे ईश्वर की अनंत ज्ञानराशि हैं, जो किसी समय व्यक्त और किसी समय अव्यक्त होती हैं। सायनाचार्य ने एक स्थान पर लिखा है, 'यो वेदेभ्योऽखिलं जगत् निर्ममे', जिसने वेदज्ञान के प्रभाव से सारे जगत् की सृष्टि की है। वेद के रचयिता को कभी किसी ने नहीं देखा।

कुमारिल भट्ट ने एक बार चेष्टा की थी, किंतु वे अपने प्रयत्न में असफल ही रहे। इसके बाद ज्ञानकांड है, जिसे उपनिषद्, वेदांत या श्रुति भी कहते हैं। आचार्य लोग जब कभी श्रुति का कोई वाक्य उद्धृत करते हैं तो वह उपनिषद् का ही होता है। यही वेदांत धर्म इस समय भारतवर्ष का धर्म है। यदि किसी संप्रदाय के सिद्धांतों की दृढ़ प्रतिष्ठा ईप्सित है तो उसे वेदांत का ही आधार लेना चाहिए।

इसलिए इसकी कल्पना करना भी असंभव है। ऋषियों ने केवल इन सब बातों का प्रत्यक्ष किया था। मंत्रद्रष्टा ऋषियों ने अनादि काल से स्थित वेदों का साक्षात्कार किया था।

वे ऋषिगण कौन थे? वात्स्यायन ने लिखा है, जिसने यथाविहित धर्म की अनुभूति की है, वह म्लेच्छ होने पर भी ऋषि हो सकता है। इसीलिए प्राचीन काल में, वेश्यापुत्र वसिष्ठ, धीवर तनय व्यास, दासीसुत नारद प्रभृति ऋषि कहलाते थे। सच्ची बात तो यह है कि धर्म का साक्षात्कार होने पर किसी प्रकार का भेद नहीं रह जाता। उपर्युक्त व्यक्ति यदि ऋषि हो सकते हैं, तो हे आधुनिक कुलीन ब्राह्मण, तुम सभी और भी उच्च ऋषि हो सकते हो। इसी ऋषित्व का लाभ करने की चेष्टा करो, समस्त संसार तुम्हारे सामने स्वयं ही नत हो जाएगा। ये ही वेद हमारे एकमात्र प्रमाण हैं और इनमें सबका ही अधिकार है।

वे ऋषिगण कौन थे? वात्स्यायन ने लिखा है, जिसने यथाविहित धर्म की अनुभूति की है, वह म्लेच्छ होने पर भी ऋषि हो सकता है। इसीलिए प्राचीन काल में, वेश्यापुत्र वसिष्ठ, धीवर तनय व्यास, दासीसुत नारद प्रभृति ऋषि कहलाते थे। सच्ची बात तो यह है कि धर्म का साक्षात्कार होने पर किसी प्रकार का भेद नहीं रह जाता।

यथेमां वाचं कल्याणीमावदानि जनेभ्यः।
ब्रह्मराजन्याभ्यां शूद्राय चार्याय च स्वीय चारणाय।

क्या आप हमें वेद में ऐसा कोई प्रमाण दिखा सकते हैं, जिससे यह सिद्ध हो जाए कि वेद में सबका अधिकार नहीं है? पुराणों में लिखा है कि वेद की अमुक शाखा में अमुक जाति का अधिकार है, अमुक अंश सतयुग के लिए और अमुक अंश कलियुग के लिए है, किंतु वेद में तो इस प्रकार का कोई जिक्र नहीं है। क्या कोई नौकर कभी अपने मालिक को आज्ञा दे सकता है? स्मृति, पुराण, तंत्र वहीं तक ग्राह्य हैं, जहाँ तक वे वेद

का अनुमोदन करते हैं, ऐसा न होने पर वे अग्राह्य हैं, किंतु आजकल हम लोगों ने पुराण को वेद की अपेक्षा अधिक श्रेष्ठ समझ रखा है। वेदों की चर्चा तो बंगाल प्रांत में लोप ही हो गई है। मैं वह दिन शीघ्र देखना चाहता हूँ, जिस दिन प्रत्येक घर में शालग्राम की मूर्ति के साथ आबालवृद्ध-वनिता वेद की पूजा करते दृष्टिगोचर होंगे।

वेद के संबंध में पाश्चात्य विद्वानों के सिद्धांतों में मेरा कुछ भी विश्वास नहीं है। वे वेदों का समय कभी कुछ निर्णय करते हैं, चट उसे बदलकर फिर एक हजार वर्ष पीछे घसीट ले जाते हैं। ऊपर कह आए हैं कि पुराण वहीं तक ग्राह्य हैं, जहाँ तक वे वेदों का समर्थन करते हैं। पुराणों में ऐसी अनेक बातें हैं, जिनका वेदों के साथ कोई मेल नहीं है, जैसे पुराण में लिखा है, कोई दस हजार वर्ष और कोई बीस हजार वर्ष जीवित रहता है; किंतु वेदों में लिखा है, 'शतायुर्वै पुरुषः।' इस मतभेद में वेदवाक्य ही ग्राह्य हैं। ऐसा होने पर भी पुराणों में योग, भक्ति, ज्ञान और कर्म की अनेक सुंदर-सुंदर बातें देखने में आती हैं और हमें उन सभी को ग्रहण करना ही होगा। इसके बाद है—तंत्र। तंत्र का वास्तविक अर्थ है—शास्त्र, जैसे कापिल तंत्र; किंतु इस स्थान पर मैं तंत्र शब्द का प्रयोग उसके वर्तमान प्रचलित संकीर्ण अर्थ में व्यवहार करता हूँ। बौद्ध धर्मावलंबी नृपतियों के शासनकाल में वैदिक यज्ञों का

वेद के संबंध में पाश्चात्य विद्वानों के सिद्धांतों में मेरा कुछ भी विश्वास नहीं है। वे वेदों का समय कभी कुछ निर्णय करते हैं, चट उसे बदलकर फिर एक हजार वर्ष पीछे घसीट ले जाते हैं। ऊपर कह आए हैं कि पुराण वहीं तक ग्राह्य हैं, जहाँ तक वे वेदों का समर्थन करते हैं। पुराणों में ऐसी अनेक बातें हैं, जिनका वेदों के साथ कोई मेल नहीं है, जैसे पुराण में लिखा है, कोई दस हजार वर्ष और कोई बीस हजार वर्ष जीवित रहता है; किंतु वेदों में लिखा है, 'शतायुर्वै पुरुषः।'

लोप होने पर राजदंड के भय से कोई हिंसा नहीं कर सकता था, किंतु अंत में बौद्ध धर्म में ही इन यज्ञों का सुंदर अंश गुप्त रूप से सम्मिलित हो गया, इसी से तंत्रों की उत्पत्ति हुई। तंत्रों में वामाचार प्रभृति बहुत से अंश खराब होने पर भी, तंत्रों को लोग जितना खराब समझते हैं, वे उतने खराब नहीं हैं। वास्तविक बात तो यह है कि वेद का ब्राह्मण भाग ही कुछ परिवर्तित होकर तंत्रों में विद्यमान है। वर्तमान काल की पूजा-विधियाँ और उपासना, पद्धति तंत्रों के अनुसार होती हैं। अब हमें अपने धर्मों के सिद्धांतों पर भी थोड़ा विचार करना चाहिए।

हमारे धर्म के संप्रदायों में अनेक विभिन्नताएँ होते हुए भी बहुत ऐक्य है। प्रथम, सभी संप्रदाय तीन चीजों का अस्तित्व स्वीकार करते हैं—ईश्वर, आत्मा और जगत्। ईश्वर वह है, जो अनंतकाल से जगत् का सृजन, पालन और संहार करता आ रहा है। सांख्य दर्शन के अतिरिक्त सभी इस सिद्धांत पर विश्वास करते हैं। असंख्य जीवात्माएँ बार-बार शरीर धारण कर जन्म-मृत्यु के चक्र में घूमती रहती हैं, इसी को संसारवाद या पुनर्जन्मवाद कहते हैं। इसके पश्चात् यह अनादि-अनंत जगत् है। कुछ लोग इन तीनों को भिन्न-भिन्न, कुछ इन्हें एक ही के भिन्न-भिन्न तीन रूप और कुछ लोग अन्य प्रकारों से इनका अस्तित्व स्वीकार करते हैं, किंतु इन तीनों का अस्तित्व सर्वमान्य है।

हमारे धर्म के संप्रदायों में अनेक विभिन्नताएँ होते हुए भी बहुत ऐक्य है। प्रथम, सभी संप्रदाय तीन चीजों का अस्तित्व स्वीकार करते हैं—ईश्वर, आत्मा और जगत्। ईश्वर वह है, जो अनंतकाल से जगत् का सृजन, पालन और संहार करता आ रहा है। सांख्य दर्शन के अतिरिक्त सभी इस सिद्धांत पर विश्वास करते हैं।

यहाँ पर स्मरण रखना चाहिए कि चिरकाल से हिंदू आत्मा को मन से पृथक् मानते आ रहे हैं। पाश्चात्य विद्वान् मन के अतिरिक्त किसी चीज

की कल्पना नहीं कर सके। वे लोग जगत् को आनंदपूर्ण, संभोग करने की चीज समझते हैं। प्राच्य लोगों की जन्म से ही यह धारणा होती है कि यह संसार नित्य परिवर्तनशील तथा दु:खपूर्ण है, इसमें कुछ भी नहीं रखा है। इसीलिए पाश्चात्य लोग संघबद्ध कर्म में विशेष पटु हैं और प्राच्य लोग अंतर्जगत् के अन्वेषण में ही विशेष साहस दिखाते हैं।

जो कुछ भी हो, इस स्थान पर हिंदू धर्म की और दो-एक बातों की आलोचना करना आवश्यक है। हिंदुओं में अवतारवाद प्रचलित है। वेदों में हमें केवल मत्स्य अवतार की ही कथा देखने में आती है। इस अवतारवाद का वास्तविक अर्थ मनुष्य-पूजा है, मनुष्य के भीतर ईश्वर को साक्षात् करना ही ईश्वर का वास्तविक साक्षात्कार करना है। सभी लोग इस विषय पर विश्वास करते हैं या नहीं, यह कोई विचारणीय विषय नहीं है। हिंदू प्रकृति द्वारा प्रकृति के ईश्वर तक नहीं पहुँचते, मनुष्य द्वारा मनुष्य के ईश्वर के निकट जाते हैं। इसके बाद है—मूर्तिपूजा।

जो कुछ भी हो, इस स्थान पर हिंदू धर्म की और दो-एक बातों की आलोचना करना आवश्यक है। हिंदुओं में अवतारवाद प्रचलित है। वेदों में हमें केवल मत्स्य अवतार की ही कथा देखने में आती है। इस अवतारवाद का वास्तविक अर्थ मनुष्य-पूजा है, मनुष्य के भीतर ईश्वर को साक्षात् करना ही ईश्वर का वास्तविक साक्षात्कार करना है।

शास्त्रों में लिखित पंच उपास्य देवताओं के अतिरिक्त अन्य देवता केवल पदों के भिन्न-भिन्न नाम मात्र हैं, किंतु ये पाँचों उपास्य देवता उसी एक भगवान् के भिन्न नाम मात्र हैं। यह मूर्तिपूजा हमारे सब शास्त्रों में अधमाधम मानी गई है, किंतु इसका यह तात्पर्य नहीं है कि मूर्तिपूजा करना गलत है। इस मूर्तिपूजा के भीतर नाना प्रकार के कुत्सित भावों के प्रवेश कर लेने पर भी मैं उसकी निंदा नहीं कर सकता। यदि उसी मूर्तिपूजक ब्राह्मण (श्रीरामकृष्ण) की पदधूलि मैं न पाता तो आज मैं कहाँ

होता, वे सुधारक, जो मूर्तिपूजा की निंदा करते हैं, उनसे मैं कहूँगा, आप भले ही वैसा कीजिए, किंतु जो लोग ऐसा नहीं कर सकते हैं, उनकी निंदा आप क्यों करते हैं?

संस्कार तो पुराने मकान का केवल जीर्ण-संस्कार मात्र है। जीर्ण-संस्कार हो जाने पर और उसकी क्या आवश्यकता? किंतु सुधारक एक स्वतंत्र संप्रदाय का संगठन करना चाहते हैं। अस्तु। उन्होंने एक बड़ा कार्य किया है और ईश्वर उनका मंगल करें, किंतु आप लोग अपने को क्यों समुदाय से पृथक् करना चाहते हैं, हिंदू नाम लेने ही से क्यों लज्जित होते हैं? हम अपने जातीय जहाज पर चढ़े हुए हैं, जिसमें शायद एक छिद्र हो गया है। हम सब लोगों को एक संग डूब मरना होगा और ब्राह्मणों को भी मैं कहना चाहता हूँ कि आप भी वृथा अभिमान न करें। कारण, शास्त्रों के अनुसार आपमें भी अब ब्राह्मणत्व शेष नहीं रह गया; कारण, आप भी इतने दिनों से म्लेच्छ राज्य में रह रहे हैं। यदि आप लोगों को अपने पूर्वजों की कथाओं में विश्वास है, तो जिस प्रकार प्राचीन कुमारिल भट्ट ने बौद्धों के संहार करने के अभिप्राय से पहले बौद्धों की तुषाग्नि में प्रवेश किया, उसी प्रकार आप भी तुषाग्नि में प्रवेश कीजिए; यदि ऐसा न कर सकें तो अपनी दुर्बलता स्वीकार कर सर्वसाधारण को उनका प्रकृत अधिकार दे दीजिए।

□

हिंदू धर्म और उसका दर्शनशास्त्र

धार्मिक मतों का जो प्रथम वर्ग हमारे सम्मुख दिखाई पड़ता है, मेरा अर्थ यथार्थ धार्मिक मतों से है, न कि अत्यंत निम्न श्रेणी के मतों से, जो 'धर्म' संज्ञा के योग्य ही नहीं हैं, उन सभी में दैवी-स्फूर्ति तथा 'ईश्वर-निःश्वसित' आप्त-वाक्य आदि की कल्पना समाविष्ट है। धार्मिक मतों का प्रथम वर्ग ईश्वर की कल्पना से प्रारंभ होता है। हमारे सम्मुख यह विश्व है और यह विश्व किसी व्यक्तिविशेष द्वारा निर्माण किया गया है। इस विश्व-ब्रह्मांड में जो कुछ है, जो उसी ईश्वर द्वारा रचा गया है। उसके साथ आगे चलकर आत्मा की कल्पना आती है कि यह शरीर है और इस शरीर के भीतर ऐसा कुछ है, जो शरीर नहीं है। हमारी जानकारी में धर्म की यही सबसे आदिम कल्पना है।

भारतवर्ष में हमें इसके कुछ थोड़े से अनुयायी मिल सकते हैं, परंतु यह कल्पना बहुत पहले ही त्याग दी गई। भारतीय धर्मों का प्रारंभ बड़े विचित्र ढंग से हुआ है। बहुत सूक्ष्म छानबीन, विश्लेषण और अनुमान करने पर ही हम सोच सकते हैं कि भारतीय धर्मों की कभी वह अवस्था रही है। जिस प्रकट स्वरूप में हम उन्हें पाते हैं, वह तो दूसरी सीढ़ी है, प्रथम नहीं। सबसे प्राथमिक विश्व की रचना ईश्वर की इच्छा से शून्य

में से की गई है; इस सृष्टि का अस्तित्व नहीं था और उस शून्य से ही यह सब निकला है। द्वितीय अवस्था में हम देखते हैं कि इस सिद्धांत में शंका उठाई जा रही है। असत् से सत् की उत्पत्ति कैसे हो सकती है? वेदांत में सर्वप्रथम यही प्रश्न पूछा गया है। यदि यह विश्व सत्तात्मक है, तो वह किसी सद्वस्तु से ही निकला होगा; क्योंकि वह समझना सरल था कि सर्वत्र शून्य से तो शून्य ही निकलता है। मानवी हाथों से जो कुछ भी कर्म किया जाता है, उसके लिए उपादानों की आवश्यकता हुआ करती है। यदि गृह-निर्माण हुआ है, तो पहले उसका उपादान विद्यमान था; यदि नाव बनी है, तो उसकी सामग्री पहले से विद्यमान थी; यदि कोई हथियार बनाए गए हैं, तो उनकी भी सामग्री पहले से ही थी। कार्य की उत्पत्ति इसी प्रकार हुआ करती है। अतः यह स्वाभाविक ही था कि शून्य में से इस ब्रह्मांड की रचना की प्राथमिक कल्पना त्याग दी गई और जिस उपादान से यह विश्व गढ़ा गया है, उस उपादान के अनुसंधान का प्रारंभ हुआ। धर्म का समग्र इतिहास यथार्थ में इस उपादान-कारण की खोज ही है। किस उपादान से यह सब गढ़ा गया है? निमित्त-कारण यह ईश्वर के प्रश्न को अलग रखो, इस प्रश्न को अलग रखो कि ईश्वर ने विश्व की रचना की, सबसे बड़ा प्रश्न तो यह है कि उस ईश्वर ने इसे किस उपादान से बनाया? सभी दर्शन-शास्त्र, मानो इसी प्रश्न पर निर्भर हैं।

मानवी हाथों से जो कुछ भी कर्म किया जाता है, उसके लिए उपादानों की आवश्यकता हुआ करती है। यदि गृह-निर्माण हुआ है, तो पहले उसका उपादान विद्यमान था; यदि नाव बनी है, तो उसकी सामग्री पहले से विद्यमान थी; यदि कोई हथियार बनाए गए हैं, तो उनकी भी सामग्री पहले से ही थी। कार्य की उत्पत्ति इसी प्रकार हुआ करती है।

इस समस्या का एक उत्तर यह है कि प्रकृति, ईश्वर और जीव, ये

तीनों अनादि और अनंत सत्ताएँ हैं, वे मानो तीन नित्य समानांतर रेखाएँ हैं, जिनमें से प्रकृति और जीव परतंत्र हैं और ईश्वर स्वतंत्र। प्रत्येक जीव जड़-परमाणु के समान ईश्वर की इच्छा पर पूर्णतया अवलंबित है। अन्य विषयों का विचार करने के पूर्व हम जीव-संबंधी विचार को ही लेंगे और इससे यह देखेंगे कि सभी वेदांतिक दर्शनशास्त्र पाश्चात्य दर्शनों से किस प्रकार अत्यंत पृथक् हैं।

भारत के सभी दार्शनिकों का एक सामान्य मनस्तत्त्व वही रहा है, जो प्राचीन सांख्यदर्शन का है। उसके अनुसार, ज्ञान की प्रक्रिया स्पंदनों के अंत:संचार द्वारा होती है। ये स्पंदन पहले बाह्य इंद्रियों के पास आते हैं, बाह्य इंद्रियों से वे अंतरिंद्रियों में पहुँचते हैं, अंतरिंद्रियों से मन में, मन से बुद्धि में और वहाँ से उस वस्तु में, जो एक इकाई है, जिसे वे आत्मा कहते हैं, आधुनिक शरीर-विज्ञान को लेने पर हम देखते हैं कि उसने सभी भिन्न-भिन्न संवेदनाओं के केंद्रों का पता लगा दिया है। पहले वह निम्न श्रेणी के केंद्रों का पता लगाता है, तत्पश्चात् उसे उच्च श्रेणी के केंद्र प्राप्त होते हैं, ये दोनों केंद्र भारतीय मनस्तत्त्व के अंतरिंद्रियों और मन से बिल्कुल मिलते-जुलते हैं; पर अभी तक शरीर-विज्ञान को एक ऐसा केंद्र नहीं मिला है, जो अन्य सभी केंद्रों का नियमन करे। अत: वह यह नहीं बता सकता कि इन सभी केंद्रों में एकसूत्रता कहाँ से आती है, कहाँ पर

भारत के सभी दार्शनिकों का एक सामान्य मनस्तत्त्व वही रहा है, जो प्राचीन सांख्यदर्शन का है। उसके अनुसार, ज्ञान की प्रक्रिया स्पंदनों के अंत:संचार द्वारा होती है। ये स्पंदन पहले बाह्य इंद्रियों के पास आते हैं, बाह्य इंद्रियों से वे अंतरिंद्रियों में पहुँचते हैं, अंतरिंद्रियों से मन में, मन से बुद्धि में और वहाँ से उस वस्तु में, जो एक इकाई है, जिसे वे आत्मा कहते हैं, आधुनिक शरीर-विज्ञान को लेने पर हम देखते हैं कि उसने सभी भिन्न-भिन्न संवेदनाओं के केंद्रों का पता लगा दिया है।

ये केंद्र एक होते हैं। मस्तिष्क में सब केंद्र अलग-अलग हैं और वहाँ कोई ऐसा एक केंद्र नहीं है, जो अन्य केंद्रों का नियमन करे। अतः वहाँ कोई ऐसा एक केंद्र नहीं है, जो अन्य केंद्रों का नियमन करे। अतः जहाँ तक हिंदू-मनोविज्ञानशास्त्र की गति है, इस विषय में इसका विरोध नहीं हुआ है। इस प्रकार की एकसूत्रता अवश्य होनी चाहिए, ऐसी एक सत्ता अवश्य रहनी चाहिए, जिसमें सभी विभिन्न संवेदनाएँ प्रतिबिंबित होंगी, केंद्रित होंगी, जिससे कि ज्ञान पूर्ण रूप से निष्पन्न हो सके। जब तक इस प्रकार की कोई वस्तु न हो, तब तक मैं तुम्हारे विषय में, किसी चित्र या अन्य वस्तु के संबंध में कोई कल्पना नहीं कर सकता। यदि एकसूत्रता लानेवाली वस्तु न हो, तो हम केवल देखेंगे ही, फिर कुछ समय के बाद केवल श्वास ही लेंगे, फिर केवल सुनेंगे, आदि-आदि और जब मैं किसी मनुष्य को बोलते सुनूँगा, तब मैं उसे बिल्कुल नहीं देखूँगा, क्योंकि सभी केंद्र अलग-अलग हैं।

यह शरीर परमाणुओं से बना है, जिन्हें हम भौतिक पदार्थ कहते हैं और वह जड़ और अचेतन है। उसी प्रकार जिसे वेदांती सूक्ष्म-शरीर कहते हैं, वह भी जड़ और अचेतन है। उनके मतानुसार, यह सूक्ष्म-शरीर जड़ तो है, परंतु अत्यंत सूक्ष्म परमाणुओं से बना है, इतने सूक्ष्म कि वे किसी भी सूक्ष्मदर्शक यंत्र से नहीं दिख सकते। इसका कार्य क्या है ?

यह शरीर परमाणुओं से बना है, जिन्हें हम भौतिक पदार्थ कहते हैं और वह जड़ और अचेतन है। उसी प्रकार जिसे वेदांती सूक्ष्म-शरीर कहते हैं, वह भी जड़ और अचेतन है। उनके मतानुसार, यह सूक्ष्म-शरीर जड़ तो है, परंतु अत्यंत सूक्ष्म परमाणुओं से बना है, इतने सूक्ष्म कि वे किसी भी सूक्ष्मदर्शक यंत्र से नहीं दिख सकते। इसका कार्य क्या है ? वह सूक्ष्म शक्तियों का आधार है। जैसा कि यह स्थूल-शरीर स्थूल सूक्ष्म-शक्तियों का आधार है, वैसे ही सूक्ष्म-शरीर सूक्ष्म-शक्तियों का आधार है, जिन्हें हम 'विचार' कहते हैं।

यह विचार-शक्ति विभिन्न रूपों में प्रकाशित होती रहती है। अतः पहले तो यह शरीर है, जो स्थूल जड़-पदार्थ है और स्थूल शक्तिमय है। जड़-पदार्थ के बिना शक्ति नहीं रह सकती। उसके रहने के लिए जड़-पदार्थ चाहिए ही। इसलिए स्थूलतर शक्तियाँ शरीर में काम करती हैं और वे ही शक्तियाँ सूक्ष्मतर बन जाती हैं। जो शक्ति स्थूल रूप में काम कर रही है, वही सूक्ष्म रूप में कार्य करती है और तब विचार में परिणत हो जाती है। इनमें कोई भेद नहीं है, केवल इतना ही है कि एक उसी वस्तु का स्थूल और दूसरा सूक्ष्म रूप है। इस सूक्ष्म-शरीर और स्थूल-शरीर में भी कोई पार्थक्य नहीं है। सूक्ष्म-शरीर भी भौतिक है, केवल इतना ही कि वह अत्यंत सूक्ष्म जड़-वस्तु है। जैसे यह स्थूल-शरीर स्थूल-शक्तियों के कार्य का साधन है, ठीक उसी तरह सूक्ष्म-शक्तियों के कार्य का साधन यह सूक्ष्म-शरीर है।

अब प्रश्न यह है कि ये सब शक्तियाँ कहाँ से आती हैं? वेदांत-दर्शन के अनुसार, प्रकृति में दो सत्ताएँ हैं—एक 'आकाश' कहलाती है, वह पदार्थ है, अत्यंत सूक्ष्म है और दूसरी 'प्राण' कहलाती है, वह शक्ति है। जो कुछ भी हम देखते हैं, अनुभव करते हैं या सुनते हैं, जैसे वायु, पृथ्वी या और भी जो कुछ, वे सब-के-सब भौतिक पदार्थ हैं, इसी आकाश से उत्पन्न हुए हैं। यह आकाश प्राण की क्रिया से परिवर्तित होकर सूक्ष्म-से-सूक्ष्मतर या स्थूल-से-स्थूलतर बनता रहता है। आकाश के समान प्राण भी सर्वव्यापी हैं और सभी वस्तुओं में ओत-प्रोत हैं।

अब प्रश्न यह है कि ये सब शक्तियाँ कहाँ से आती हैं? वेदांत-दर्शन के अनुसार, प्रकृति में दो सत्ताएँ हैं—एक 'आकाश' कहलाती है, वह पदार्थ है, अत्यंत सूक्ष्म है और दूसरी 'प्राण' कहलाती है, वह शक्ति है। जो कुछ भी हम देखते हैं, अनुभव करते हैं या सुनते हैं, जैसे वायु, पृथ्वी या और भी जो कुछ, वे सब-के-सब भौतिक पदार्थ हैं, इसी आकाश से उत्पन्न हुए हैं।

'आकाश' मानो जल है और सृष्टि की अन्य सब वस्तुएँ उसी जल से बने हुए हिम-खंडों के समान जल में तैर रही हैं। प्राण ही वह शक्ति है, जो इस आकाश को इन सभी विभिन्न रूपों में परिवर्तित करती है।

स्थूल-शरीर आकाश से बना हुआ उपकरण है, जिसके द्वारा प्राण स्थूल रूपों में, जैसे स्नायुओं के संचालन—चलने, बैठने, बोलने आदि में प्रकट होता है। सूक्ष्म शरीर भी आकाश से, अत्यंत सूक्ष्म आकाश से बना है, जिसके द्वारा वही प्राण विचाररूपी सूक्ष्म-भाव में प्रकट होता है। अतः पहले तो यह स्थूल शरीर है, उसके परे यह सूक्ष्म या लिंग-शरीर है और उसके भी परे जीव, अर्थात् मनुष्य है। जैसे नख कई बार काटे जा सकते हैं और तो भी वे हमारे शरीर के भाग हैं, अलग नहीं, ठीक इसी प्रकार का संबंध स्थूल-शरीर और सूक्ष्म-शरीर का है। ऐसी बात नहीं है कि मनुष्य का एक सूक्ष्म-शरीर होता है और एक स्थूल-शरीर भी; शरीर तो एक ही है, पर जो अंश अधिक समय तक टिकता है, वह सूक्ष्म-शरीर है और जो शीघ्र नष्ट हो जाता है, वह स्थूल है। जैसे मैं इस नख को अनेक बार काट सकता हूँ, ठीक उसी तरह मैं लाखों बार इस स्थूल-शरीर का पात कर सकता हूँ, पर सूक्ष्म-शरीर बना ही रहेगा। द्वैतवादियों के मतानुसार, यह जीव या यथार्थ मनुष्य अत्यंत सूक्ष्म अणु है।

स्थूल-शरीर आकाश से बना हुआ उपकरण है, जिसके द्वारा प्राण स्थूल रूपों में, जैसे स्नायुओं के संचालन—चलने, बैठने, बोलने आदि में प्रकट होता है। सूक्ष्म शरीर भी आकाश से, अत्यंत सूक्ष्म आकाश से बना है, जिसके द्वारा वही प्राण विचाररूपी सूक्ष्म-भाव में प्रकट होता है। अतः पहले तो यह स्थूल शरीर है, उसके परे यह सूक्ष्म या लिंग-शरीर है और उसके भी परे जीव, अर्थात् मनुष्य है।

यहाँ तक हम देखते हैं कि मनुष्य ऐसा व्यक्ति है, जिसका पहले तो स्थूल-शरीर है, जो अति शीघ्र नष्ट हो जाता है और तत्पश्चात् उसका

सूक्ष्म-शरीर है, जो युग-युगांतरों तक बना रहता है और तत्पश्चात् जीव है। वेदांत मत के अनुसार, यह जीव ठीक वैसा ही अनंत है, जैसा कि ईश्वर। प्रकृति भी अनंत है, पर वह परिवर्तनशील अनंत सता है। प्रकृति का उपादान, प्राण और आकाश अनंत है, पर उसका चिरकाल विभिन्न रूपों में परिवर्तन होता रहता है; किंतु जीव आकाश से या प्राण से सृष्ट नहीं हुआ है। वह भौतिक पदार्थ नहीं है और इसी कारण चिरकाल रहनेवाला है। वह प्राण और आकाश के किसी मिश्रण का परिणाम नहीं है और जो मिश्रण का परिणाम नहीं है, वह कभी नष्ट नहीं किया जा सकता; क्योंकि कारणस्वरूप को पुनः प्राप्त होना ही नाश है।

स्थूल-शरीर आकाश और प्राण से बनी हुई सम्मिश्रित वस्तु है, अतः वह विघटित, नष्ट हो जाएगा। सूक्ष्म-शरीर भी दीर्घकाल के बाद नष्ट हो जाएगा, पर जीव तो अमिश्र-तत्त्व है, इसीलिए कभी नष्ट नहीं होगा। उसके कभी उत्पन्न न होने का भी यही कारण है। किसी अमिश्र तत्त्व की उत्पत्ति कभी नहीं हो सकती। वही युक्ति यहाँ भी लागू है। जो मिश्र वस्तु है, उसी की उत्पत्ति होती है। संपूर्ण प्रकृति, जिसमें लाखों और करोड़ों जीवात्माएँ हैं, ईश्वर की इच्छा के वशवर्ती हैं। ईश्वर सर्वव्यापी, सर्वदर्शी, निराकार विभु है और वह प्रकृति के माध्यम से नित्य क्रियाशील है। यह संपूर्ण प्रकृति उसी के वश में है। वही नित्य-विधाता है। द्वैतवादियों का यही मत है। तब प्रश्न यह उठता

स्थूल-शरीर आकाश और प्राण से बनी हुई सम्मिश्रित वस्तु है, अतः वह विघटित, नष्ट हो जाएगा। सूक्ष्म-शरीर भी दीर्घकाल के बाद नष्ट हो जाएगा, पर जीव तो अमिश्र-तत्त्व है, इसीलिए कभी नष्ट नहीं होगा। उसके कभी उत्पन्न न होने का भी यही कारण है। किसी अमिश्र तत्त्व की उत्पत्ति कभी नहीं हो सकती। वही युक्ति यहाँ भी लागू है। जो मिश्र वस्तु है, उसी की उत्पत्ति होती है।

है कि यदि इस सृष्टि का विधाता ईश्वर है, तो उसने इस प्रकार की दुष्ट सृष्टि की रचना क्यों की, हमें इतना कष्ट क्यों भोगना पड़ता है? वे कहते हैं, यह ईश्वर का अपराध नहीं है। हम अपने दोष के कारण कष्ट भोगते हैं। हम जो बोते हैं, वही पाते हैं। हमें दंड देने का उसका अभिप्राय नहीं है। मनुष्य दरिद्र, अंधा या लूला-लँगड़ा होकर जन्म लेता है, इसका कारण क्या है? कारण, यह है कि किस प्रकार जन्म लेने के पूर्व उसने कुछ किया था। जीव नित्यकाल से विद्यमान रहता आया है, वह कभी उत्पन्न नहीं किया गया था। वह सर्वथा कई प्रकार के कर्म करता रहा है। हम जो कुछ करते हैं, उसकी प्रतिक्रिया हम पर होती है। यदि हम शुभ कर्म करते हैं तो हमें सुख मिलेगा और अशुभ कर्म करते हैं तो दुःख मिलेगा। इसी प्रकार, जीव सुख और दुःख प्राप्त करता रहता है और भिन्न-भिन्न प्रकार के कर्म करता जाता है।

मृत्यु के उपरांत क्या होता है? सभी वेदांतमतवादी स्वीकार करते हैं कि यह जीव स्वभावतः ही पवित्र है; परंतु वे कहते हैं कि अज्ञान से इसका सच्चा स्वरूप ढका हुआ है। जिस प्रकार अशुभ कर्मों से इसने अपने को अज्ञान के आवरण में ढक लिया है, उसी प्रकार शुभ कर्मों से इसने अपने असली स्वरूप का ज्ञान प्राप्त किया है। वह सनातन है, स्वभावतः पवित्र है।

मृत्यु के उपरांत क्या होता है? सभी वेदांतमतवादी स्वीकार करते हैं कि यह जीव स्वभावतः ही पवित्र है; परंतु वे कहते हैं कि अज्ञान से इसका सच्चा स्वरूप ढका हुआ है। जिस प्रकार अशुभ कर्मों से इसने अपने को अज्ञान के आवरण में ढक लिया है, उसी प्रकार शुभ कर्मों से इसने अपने असली स्वरूप का ज्ञान प्राप्त किया है। वह सनातन है, स्वभावतः पवित्र है। प्रत्येक जीव स्वभावतः शुद्ध ही होता है। जब शुभ कर्मों द्वारा उसके सब पापों और दुष्कर्मों का नाश हो जाता है, तब जीव पुनः शुद्ध हो जाता है और इस प्रकार शुद्ध होकर वह देवयान को

चला जाता है, उसकी वचनेंद्रिय मन में प्रविष्ट हो जाती हैं। आप शब्दों के बिना चिंतन नहीं कर सकते। जहाँ चिंतन है, वहाँ शब्द होने ही चाहिए। जैसे शब्द मन में प्रवेश करते हैं, वैसे ही मन 'प्राण' में परिणत हो जाता है और 'प्राण' जीव में। तब जीव शीघ्र शरीर के बाहर निकलकर सौर-प्रदेश को चला जाता है।

इस विश्व में एक के बाद दूसरे अनेक लोक हैं। यह पृथ्वी भूलोक है, जिसमें चंद्र, सूर्य और तारागण हैं। उसके परे सूर्यलोक है और उसके उस पार दूसरा लोक है, जो 'चंद्रलोक' कहलाता है। इसके भी परे 'विद्युल्लोक' है और जब जीव वहाँ पहुँचता है, तब एक दूसरा अमानव जीव, जो पहले ही पूर्ण हो गया है, उसका स्वागत करने आता है और उसे दूसरे लोक में, परमोच्च लोक में, जिसका नाम 'ब्रह्मलोक' है, वहाँ ले जाता है। वहाँ जीव नित्यकाल निवास करता है और पुनः जन्म या मरण को प्राप्त नहीं होता। वहाँ वह अनंत काल तक आनंद भोगता है और केवल सृष्टि-उत्पादान शक्ति को छोड़कर शेष सब प्रकार की शक्तियाँ प्राप्त करता है। विश्व का केवल एक ही विधाता है और वह है—ईश्वर। कोई भी व्यक्ति ईश्वर नहीं बन सकता। द्वैतवादियों की धारणा है कि यदि तुम अपने को ईश्वर कहते हो, तो यह ईश्वर की घोर निंदा है। सृजन करने की शक्ति के सिवाय अन्य सभी शक्तियाँ जीव को प्राप्त हो जाती हैं और यदि

इस विश्व में एक के बाद दूसरे अनेक लोक हैं। यह पृथ्वी भूलोक है, जिसमें चंद्र, सूर्य और तारागण हैं। उसके परे सूर्यलोक है और उसके उस पार दूसरा लोक है, जो 'चंद्रलोक' कहलाता है। इसके भी परे 'विद्युल्लोक' है और जब जीव वहाँ पहुँचता है, तब एक दूसरा अमानव जीव, जो पहले ही पूर्ण हो गया है, उसका स्वागत करने आता है और उसे दूसरे लोक में, परमोच्च लोक में, जिसका नाम 'ब्रह्मलोक' है, वहाँ ले जाता है।

जीव शरीर धारण करके संसार के विभिन्न भागों में कार्य करना चाहे, तो कर सकता है। यदि वह जीव सभी देवताओं को अपने सम्मुख उपस्थित होने की आज्ञा दे, यदि वह अपने पूर्वजों को बुलाना चाहे, तो वे सभी उसकी आज्ञा के अनुसार आ जाते हैं। उसकी शक्तियाँ ऐसी रहती हैं कि उसे अब कोई दु:ख नहीं होता और यदि वह चाहे तो अनंतकाल ब्रह्मलोक में निवास कर सकता है। यही वह उच्चगति-प्राप्त पुरुष है, जो ईश्वर के प्रेम को प्राप्त कर चुका है, जो पूर्णत: निस्स्वार्थ, पूर्णत: शुद्ध बन गया है, जिसने अपनी समस्त वासनाओं का परित्याग कर दिया है और जो ईश्वर की पूजा और भक्ति के सिवाय और कुछ नहीं करना चाहता।

दूसरे लोग भी हैं, जो इतनी उच्च अवस्था को नहीं पहुँचे हैं; जो सत्कार्य करते हैं, परंतु बदले में कुछ पाना चाहते हैं। वे कहते हैं कि गरीबों को वे इतना दान करेंगे, पर बदले में वे स्वर्ग को जाना चाहते हैं। जब वे मरते हैं, तो उनकी कौन सी गति होती है? वाचा-शक्ति मन में प्रविष्ट हो जाती है, मन 'प्राण' में और 'प्राण' जीव में प्रवेश करता है।

दूसरे लोग भी हैं, जो इतनी उच्च अवस्था को नहीं पहुँचे हैं; जो सत्कार्य करते हैं, परंतु बदले में कुछ पाना चाहते हैं। वे कहते हैं कि गरीबों को वे इतना दान करेंगे, पर बदले में वे स्वर्ग को जाना चाहते हैं। जब वे मरते हैं, तो उनकी कौन सी गति होती है? वाचा-शक्ति मन में प्रविष्ट हो जाती है, मन 'प्राण' में और 'प्राण' जीव में प्रवेश करता है।

जीव निकलकर चंद्रलोक को जाता है और वहाँ वह दीर्घकाल तक बहुत सुख में रहता है। जब तक उसके पुण्य कर्मों का प्रभाव बना रहता है, तब तक वहाँ वह सुख भोगता है और जब पुण्य कर्मों का क्षय हो जाता है, तब वह पुन: नीचे उतरता है और इस पृथ्वी पर अपने कर्मों के अनुसार जन्म ग्रहण करता है। चंद्रलोक में जीव उस अवस्था को प्राप्त करता है, जिसे हम 'देवता' कहते हैं तथा ईसाई और मुसलमान 'देवदूत'। ये देवता

कुछ विशिष्ट पदों के नाम हैं। उदाहरणार्थ, देवराज 'इंद्र' एक पद का नाम है; सहस्त्र मनुष्य उस पद को प्राप्त करते हैं। जब कोई पुण्यशील पुरुष, जिसने सर्वश्रेष्ठ वैदिक कर्मों का अनुष्ठान किया है, मृत्यु को प्राप्त होता है, तब वह देवताओं का राजा बन जाता है। उस समय तक पुराना इंद्र नीचे उतरकर मनुष्य बन गया होता है। जैसे यहाँ राजा बदलते रहते हैं; उसी प्रकार देवताओं को भी मरना पड़ता है। स्वर्ग में सभी मरेंगे। मृत्युरहित स्थान एक ब्रह्मलोक ही है, जहाँ न जन्म है, न मृत्यु।

इस प्रकार जीव स्वर्ग को जाते हैं और वहाँ बड़े सुखपूर्वक रहते हैं। बीच-बीच में उन्हें असुरों से कष्ट मिलता है, जब असुर उन लोगों का पीछा करते हैं। हमारी पौराणिक कथाओं में ऐसे असुरों का वर्णन है, जो कभी-कभी देवगण को सताते हैं। हम पुराणों में पढ़ते हैं कि ये असुर और देव किस प्रकार लड़े, दैत्यों ने कभी-कभी देवों पर विजय प्राप्त की। कई बार ऐसा दिखता है कि असुरों ने इतने क्रूर कर्म नहीं किए, जितने कि देवों ने। उदाहरणार्थ, सभी पुराणों में देवता स्त्री-लंपट पाए जाते हैं। इस प्रकार जब उनके पुण्य का फल समाप्त हो जाता है, तब वे पुनः नीचे गिरते हैं। मेघों के मार्ग से वृष्टि द्वारा आकर वे किसी अन्न या पौधे में प्रविष्ट हो जाते हैं और जब मनुष्य उस अन्न या पौधे को खाता है, तब उसके शरीर में पहुँच जाते हैं। पिता उन्हें वह भौतिक सामग्री देता है, जिसमें से वे अपने कर्मों के उपयुक्त शरीर धारण कर लें। जब वह शरीर उनके लायक नहीं रह जाता, तब उन्हें अपने

जीव स्वर्ग को जाते हैं और वहाँ बड़े सुखपूर्वक रहते हैं। बीच-बीच में उन्हें असुरों से कष्ट मिलता है, जब असुर उन लोगों का पीछा करते हैं। हमारी पौराणिक कथाओं में ऐसे असुरों का वर्णन है, जो कभी-कभी देवगण को सताते हैं। हम पुराणों में पढ़ते हैं कि ये असुर और देव किस प्रकार लड़े, दैत्यों ने कभी-कभी देवों पर विजय प्राप्त की।

लिए अन्य शरीर निर्माण करना पड़ता है। फिर, हम यहाँ बहुत से दुष्ट लोग देखते हैं, जो सभी तरह के राक्षसी कर्म करते हैं। वे फिर से पशु होकर जन्म लेते हैं और यदि वे बहुत ही बुरे हैं, तो वे अति नीच पशु का जन्म लेते हैं; या पेड़-पत्थर बन जाते हैं।

देव-योनि में वे कुछ भी कर्म नहीं करते; केवल मनुष्य-योनि ही कर्म-योनि है। कर्म का अर्थ है—ऐसा काम, जिसका कोई फल हो। जब मनुष्य मरता है और देव बन जाता है, तब तो उसका समय केवल सुख भोगने का ही रहता है और उस समय वह नए कर्म नहीं करता। वह तो उसके पूर्व-कृत शुभ कर्मों का पारितोषिक है; वह केवल भोग-योनि है। जब पुण्य कर्मों का क्षय हो जाता है, तब विशिष्ट कर्मों का फल मिलना प्रारंभ होता है और तब वह नीचे पृथ्वी पर उतरता है और पुनः मनुष्य बन जाता है। यदि वह बहुत अच्छे कर्म करता है और शुद्ध हो जाता है, तो वह ब्रह्मलोक को प्राप्त होकर पुनः यहाँ नहीं लौटता।

देव-योनि में वे कुछ भी कर्म नहीं करते; केवल मनुष्य-योनि ही कर्म-योनि है। कर्म का अर्थ है—ऐसा काम, जिसका कोई फल हो। जब मनुष्य मरता है और देव बन जाता है, तब तो उसका समय केवल सुख भोगने का ही रहता है और उस समय वह नए कर्म नहीं करता। वह तो उसके पूर्व-कृत शुभ कर्मों का पारितोषिक है; वह केवल भोग-योनि है।

निम्न योनियों से विकास प्राप्त करते समय जीव कुछ काल तक पशु योनि में रहता है और समय पाकर पशु मनुष्य बन जाता है। यह एक ध्यान देने योग्य बात है कि जैसे-जैसे मनुष्यों की संख्या बढ़ती जा रही है, वैसे-वैसे पशुओं की घट रही है। पशु-आत्माएँ मनुष्य बन रही हैं। पशुओं के बहुतेरे वर्ग पहले ही मनुष्य बन चुके हैं, अन्यथा वे कहाँ चले गए?

वेदों में नरक की कोई चर्चा नहीं है, पर हमारे पुराणों में, हमारे

अर्वाचीन धर्म-ग्रंथों में, यह विचार आया कि नरकों का संबंध जोड़े बिना कोई धर्म सर्वांगीण नहीं हो सकता। अतः उन्होंने सभी प्रकार के नरकों की कल्पना की। इन नरकों में से कुछ में तो मनुष्यों को चीरकर उनके दो टुकड़े कर दिए जाते हैं और उन्हें कुचल-कुचलकर कष्ट दिया जाता है, तो भी वे नहीं मरते। वहाँ उनको लगातार अत्यंत दुःख पहुँचाया जाता है, पर ये ग्रंथ इतना कहने की दया तो करते हैं कि यह सब केवल कुछ काल के लिए ही रहता है। उस अवस्था में दुष्कर्मों का फल भोग लिया जाता है और भोग पूर्ण होने पर वे पुनः पृथ्वी पर आकर नया अवसर प्राप्त करते हैं। अतएव यह मनुष्य-शरीर एक महान् अवसर है। यह शरीर 'कर्मयोनि' कहलाता है, जहाँ हम अपने भाग्य का निर्णय करते हैं। हम एक महान् वृत्त में दौड़ रहे हैं और उस वृत्त में यही एक बिंदु है, जो हमारे भविष्य का निर्णायक है। अतः यह मनुष्य-शरीर ही सबसे बढ़कर समझा जाता है; मनुष्य देवों से भी बढ़कर है।

वेदों में नरक की कोई चर्चा नहीं है, पर हमारे पुराणों में, हमारे अर्वाचीन धर्म-ग्रंथों में, यह विचार आया कि नरकों का संबंध जोड़े बिना कोई धर्म सर्वांगीण नहीं हो सकता। अतः उन्होंने सभी प्रकार के नरकों की कल्पना की। इन नरकों में से कुछ में तो मनुष्यों को चीरकर उनके दो टुकड़े कर दिए जाते हैं और उन्हें कुचल-कुचलकर कष्ट दिया जाता है, तो भी वे नहीं मरते।

यहाँ तक हुआ, शुद्ध और सरल द्वैतवाद। इसके पश्चात् उच्चतर वैदांतिक तत्त्वज्ञान सामने आता है। उसका कहना है कि ऐसा नहीं हो सकता। इस विश्व का उपादान-कारण तथा निमित्त-कारण दोनों ईश्वर ही हैं। यदि तुम कहते हो कि ईश्वर एक अनंत व्यक्ति है, जीवात्मा भी अनंत है और प्रकृति भी अनंत है, तब तो तुम अनंतों की संख्या अमर्याद बढ़ा रहे हो, जो एक बिल्कुल असंभव बात है; कारण, वह समस्त तर्कशास्त्र

का विध्वंस करता है। अत: ईश्वर ही इस विश्व का उपादान तथा निमित्त, दोनों प्रकार का कारण है, वह इस विश्व को अपने में से ही बाहर प्रकट करता है। तब यह कैसी बात है कि ईश्वर ही ये दीवालें और यह मेज बन गया है; ईश्वर ही शूकर, हत्यारा और जो कुछ इस संसार में नीच तथा क्षुद्र वस्तुएँ हैं, वह सब बन गया है?

हम कहते हैं कि ईश्वर पवित्र है। तब भला वह सब ये हीन और नीच वस्तुएँ कैसे बन सकता है? हमारा उत्तर यह है कि ठीक वैसे ही, जैसे मैं एक आत्मा हूँ और मेरा एक शरीर है और एक दृष्टि से यह शरीर मुझसे भिन्न नहीं है, तो भी मैं—सच्चा मैं—यथार्थ में शरीर नहीं हूँ। उदाहरणार्थ, मैं कहता हूँ, मैं बालक हूँ, युवक हूँ, या वृद्ध हूँ, पर मेरी आत्मा में कोई परिवर्तन नहीं होता। आत्मा तो वही बनी रहती है। उसी प्रकार, यह समस्त विश्व अपने अंतर्भुक्त समग्र प्रकृति और असंख्य आत्माओं के साथ मानो ईश्वर का अनंत शरीर है। वह इस संपूर्ण विश्व में ओत-प्रोत है। अकेला वही अपरिवर्तनशील है, पर प्रकृति तो बदलती रहती है और आत्माएँ भी। प्रकृति और जीवात्मा के परिवर्तन का उस ईश्वर पर कोई परिणाम नहीं होता। प्रकृति किस प्रकार बदलती है? अपने रूपों में वह नए-नए रूप धारण करती है, पर आत्मा उस तरह नहीं बदलती। आत्मा ज्ञान की न्यूनाधिकता से ही घटती और बढ़ती है। दुष्कर्मों से आत्मा संकुचित हो जाती है।

हम कहते हैं कि ईश्वर पवित्र है। तब भला वह सब ये हीन और नीच वस्तुएँ कैसे बन सकता है? हमारा उत्तर यह है कि ठीक वैसे ही, जैसे मैं एक आत्मा हूँ और मेरा एक शरीर है और एक दृष्टि से यह शरीर मुझसे भिन्न नहीं है, तो भी मैं—सच्चा मैं—यथार्थ में शरीर नहीं हूँ।

ऐसे कर्म, जो आत्मा के यथार्थ स्वाभाविक ज्ञान तथा पवित्रता को घटाते हैं, दुष्कर्म कहे जाते हैं और वे कर्म, जो आत्मा की स्वाभाविक

महिमा को प्रकट करते हैं; सत्कर्म कहे जाते हैं। ये सभी आत्माएँ शुद्ध थीं, पर वे संकुचित हो गई हैं; ईश्वर की दया से और सत्कर्म करने से वे पुनः विकसित होकर अपनी सहज शुद्धता को प्राप्त कर लेंगी। हरेक को समान अवसर प्राप्त है और अंत में प्रत्येक का उद्धार होना निश्चित है, पर इस विश्व का अंत नहीं होगा; क्योंकि वह तो सनातन है। यह दूसरा मत है। पहला मत द्वैतवाद कहा जाता है। दूसरे मत में यह धारणा है कि ईश्वर, आत्मा और प्रकृति, ये तीनों हैं तथा आत्मा और प्रकृति ईश्वर के शरीर हैं और इसलिए ये तीनों मिलकर एक इकाई का निर्माण करते हैं। यह दूसरा मत आध्यात्मिक विकास की उच्चतर अवस्था सूचित करता है और इसका नाम है 'विशिष्टाद्वैत'। द्वैतवाद में विश्व ईश्वर-संचालित एक बड़ा यंत्र माना गया है और विशिष्टाद्वैत में वह एक ऐसा शरीर माना गया है, जिसमें परमात्मा ओत-प्रोत है।

सबसे अंत में अद्वैतवादी हैं। वे भी यह प्रश्न उठाते हैं कि ईश्वर ही इस विश्व का उपादान तथा निमित्त दोनों कारण होना चाहिए। इस तरह, ईश्वर ही यह संपूर्ण विश्व बन गया है, इस बात को अस्वीकार नहीं किया जा सकता, पर जब ये दूसरे लोग कहते हैं कि ईश्वर आत्मा है और विश्व उसका शरीर तथा यह शरीर परिवर्तनशील है, पर ईश्वर में परिवर्तन नहीं होता, तो ये सब बातें अद्वैतवादी के मत में निरी अज्ञता है।

सबसे अंत में अद्वैतवादी हैं। वे भी यह प्रश्न उठाते हैं कि ईश्वर ही इस विश्व का उपादान तथा निमित्त दोनों कारण होना चाहिए। इस तरह, ईश्वर ही यह संपूर्ण विश्व बन गया है, इस बात को अस्वीकार नहीं किया जा सकता, पर जब ये दूसरे लोग कहते हैं कि ईश्वर आत्मा है और विश्व उसका शरीर तथा यह शरीर परिवर्तनशील है, पर ईश्वर में परिवर्तन नहीं होता, तो ये सब बातें अद्वैतवादी के मत में निरी अज्ञता है। कारण, यदि वैसा ही हो, तो फिर

ईश्वर को इस विश्व का उपादान-कारण कहने का क्या अर्थ है ? कार्य-रूप धारण करनेवाला कारण ही उपादान-कारण है; कार्य और कुछ नहीं, वरन् कारण का ही दूसरा रूप है। जहाँ कहीं तुम्हें कार्य दिखाई देता है, वह कारण की ही पुनरावृत्ति है। अतः यदि यह विश्व कार्य है और ईश्वर कारण, तो विश्व को ईश्वर की ही पुनरावृत्ति होनी चाहिए।

यदि तुम कहो कि विश्व ईश्वर का शरीर है और यह शरीर संकुचित एवं सूक्ष्म होकर कारण बन जाता है तथा उसी में से इसी विश्व का विकास होता है, तो इस पर अद्वैतवादी कहते हैं कि स्वयं ईश्वर ही यह विश्व बन गया है। अब यहाँ एक बहुत सूक्ष्म प्रश्न उठता है। यदि यह ईश्वर ही यह विश्व बन गया है, तो तुम और ये सभी चीजें ईश्वर ही हैं, हाँ, यथार्थ में वैसा ही है। यह पुस्तक ईश्वर है, प्रत्येक वस्तु ईश्वर है। मेरा शरीर ईश्वर है, मेरा मन ईश्वर है और मेरी आत्मा भी ईश्वर है। तब फिर जीवों का यह नानात्व क्यों है, क्या वह एक ईश्वर करोड़ों जीवों में बँट गया है, क्या ईश्वर करोड़ों जीवों में परिणत हो जाता है, तब यह फिर कैसे हुआ, वह अनंत शक्ति और सत्ता, वह एकमेव विश्वात्मा विभाजित कैसे हो गई, अनंत के खंड करना असंभव है। वह विशुद्ध चिदात्मा इस विश्व में कैसे परिणत हो सकती है और यदि वह विश्व में परिणत हुआ है, तब तो वह परिवर्तनशील है ? यदि वह परिवर्तनशील है, तो वह प्रकृति का अंश है और जो कुछ भी प्रकृति है, परिवर्तनशील है, वह तो जन्म लेता और मरता है। यदि हमारा ईश्वर परिवर्तनशील है, तो वह एक दिन अवश्य मरेगा। इस बात को ध्यान में रखो। पुनश्च, ईश्वर का कितना अंश यह विश्व बन गया है ? यदि तुम

यदि तुम कहो कि विश्व ईश्वर का शरीर है और यह शरीर संकुचित एवं सूक्ष्म होकर कारण बन जाता है तथा उसी में से इसी विश्व का विकास होता है, तो इस पर अद्वैतवादी कहते हैं कि स्वयं ईश्वर ही यह विश्व बन गया है। अब यहाँ एक बहुत सूक्ष्म प्रश्न उठता है।

कहो 'क' (बीजगणित का अज्ञात-परिमाण), तब तो ईश्वर अब 'ईश्वर ऋण क' है और इसलिए वह वही ईश्वर नहीं है, जैसा कि इस सृष्टि के पूर्व था, क्योंकि उतना ईश्वर यह सृष्टि बन गई है।

अतः अद्वैतवादी कहते हैं, "इस विश्व का कोई निरपेक्ष अस्तित्व ही नहीं है; यह सब माया, मिथ्या है। यह संपूर्ण विश्व, ये देवगण, ये देवदूत, जन्म और मरण के चक्र में पड़े हुए ये सारे प्राणी तथा उन्नत और अवनत होते हुए ये असंख्य जीवात्माएँ, सभी के सभी स्वप्नमय हैं।" 'जीव' नामक कोई वस्तु है ही नहीं। नानात्व भला कैसे हो सकता है? है केवल एक अद्वितीय अनंत सत्ता ही। जैसे एक ही सूर्य विभिन्न जलाशयों में प्रतिबिंबित होकर अनेक भासता है और जल के करोड़ों सूर्य के प्रतिबिंब प्रकट करते हैं तथा प्रत्येक बुलबुले में सूर्य का पूर्ण प्रतिबिंब रहता है, तथापि वास्तव में सूर्य तो एक ही है, उसी प्रकार ये सब जीव भिन्न-भिन्न मनों में प्रतिबिंब ही हैं। ये विभिन्न मन अनेक बुलबुलों के समान उसी एक आत्मा को प्रतिबिंबित करते हैं। ईश्वर ही इन सब भिन्न-भिन्न जीवों में प्रतिबिंबित हो रहा है। स्वप्न किसी सत्यवस्तु के बिना नहीं हो सकता और वह अनंत सत्ता ही वह सत्यवस्तु है। तुम शरीर, मन या जीवात्मा के रूप में स्वप्नमय हो, तुम्हारा यथार्थ स्वरूप तो वही सत्, चित् और आनंद का है। तुम्हीं इस विश्व के ईश्वर हो। तुम्हीं संपूर्ण विश्व को प्रकट कर रहे हो और अपने में लय कर रहे हो। अद्वैतवादियों का यही सिद्धांत है। अतः ये सब जन्म और पुनर्जन्म, आना और जाना, सभी माया के दृश्य हैं। तुम तो अनंत

अद्वैतवादी कहते हैं, "इस विश्व का कोई निरपेक्ष अस्तित्व ही नहीं है; यह सब माया, मिथ्या है। यह संपूर्ण विश्व, ये देवगण, ये देवदूत, जन्म और मरण के चक्र में पड़े हुए ये सारे प्राणी तथा उन्नत और अवनत होते हुए ये असंख्य जीवात्माएँ, सभी के सभी स्वप्नमय हैं।" 'जीव' नामक कोई वस्तु है ही नहीं।

हो। तुम भला कहाँ जा सकते हो? सूर्य, चंद्र और समस्त विश्व तुम्हारे इंद्रियातीत स्वरूपसागर में बिंदुमात्र हैं। तुम्हारा जन्म और मरण कैसे हो सकता है? मैंने कभी जन्म नहीं लिया, न कभी लूँगा। मेरे न कभी पिता थे, न माता ही, न मित्र, न शत्रु; क्योंकि मैं तो सत्-चित्-आनंद-स्वरूप हूँ। सोऽहम् सोऽहम्।

तब इस दार्शनिक मत के अनुसार अंतिम ध्येय क्या है? यही कि, जो यह ज्ञान प्राप्त कर लेते हैं, वे विश्व के साथ एक हो जाते हैं, उनके लिए समस्त स्वर्ग, यहाँ तक कि ब्रह्मलोक भी विनष्ट हो जाता है, सारा स्वप्न दूर हो जाता है और वे अपने को विश्व का अनादि-अनंत ईश्वर पाते हैं। वे अपने अनंत ज्ञान एवं आनंदस्वरूप यथार्थ व्यक्तित्व की प्राप्ति कर लेते हैं और मुक्त हो जाते हैं। क्षुद्र वस्तुओं में सुख-भोग की इच्छा का अंत आ जाता है। हम आज इस छोटे से शरीर और क्षुद्र व्यक्तित्व में ही आनंद मानते हैं, तब वह आनंद कितना अधिक न होगा, जब यह समस्त विश्व मेरा शरीर हो जाएगा। यदि एक शरीर में सुख है, तो जब सभी शरीर मेरे हैं, तब कितना अधिक सुख न होगा! तभी मुक्ति प्राप्त होती है। यही अद्वैत-वेदांत का चरम सिद्धांत है।

तब इस दार्शनिक मत के अनुसार अंतिम ध्येय क्या है? यही कि, जो यह ज्ञान प्राप्त कर लेते हैं, वे विश्व के साथ एक हो जाते हैं, उनके लिए समस्त स्वर्ग, यहाँ तक कि ब्रह्मलोक भी विनष्ट हो जाता है, सारा स्वप्न दूर हो जाता है और वे अपने को विश्व का अनादि-अनंत ईश्वर पाते हैं।

वेदांत दर्शनशास्त्र ने ये ही तीन श्रेणियाँ निर्धारित की हैं और हम उससे आगे नहीं बढ़ सकते; क्योंकि हम एकत्व के परे कैसे जा सकते हैं? जब कोई विज्ञान-शास्त्र एकत्व तक पहुँच जाता है, तब वह किसी भी उपाय से और आगे नहीं बढ़ सकता। इस निरपेक्ष सत्ता या तुरीय के परे तुम नहीं जा सकते।

इस अद्वैत-दर्शनशास्त्र को सभी मनुष्य ग्रहण नहीं कर सकते। वह अत्यंत सूक्ष्म है। सबसे पहले तो वह बुद्धि द्वारा समझने के लिए बहुत कठिन है। उसके लिए अत्यंत तीक्ष्ण बुद्धि चाहिए, साहस चाहिए। दूसरी बात यह है कि वह अधिकांश जन-समुदाय के अनुकूल नहीं है। इसीलिए ये तीन श्रेणियाँ हैं। प्रथम श्रेणी से आरंभ करो। उसको अच्छी तरह सोच-विचारकर समझ लेने पर द्वितीय श्रेणी आप-से-आप खुल जाएगी। जैसे यह जाति आगे बढ़ती है, वैसे ही व्यक्ति को भी आगे बढ़ना पड़ता है। धार्मिक विचार के अत्युच्च शिखरों तक पहुँचने में मानवजाति ने जिस क्रम को ग्रहण किया है, वही क्रम प्रत्येक व्यक्ति को ग्रहण करना होगा। अंतर यही है कि जहाँ मानवजाति को एक श्रेणी से दूसरी श्रेणी तक पहुँचने के लिए लाखों वर्ष लगे हैं, वहाँ एक व्यक्ति मानवजाति का समग्र जीवन अपेक्षाकृत बहुत स्वल्प अवधि में व्यतीत कर लेगा, परंतु हम में से प्रत्येक को इन श्रेणियों में से होकर जाना होगा। आपमें से जो अद्वैतवादी हैं, वे अपने जीवन के उस काल की ओर लौटकर देखें, जब आप कट्टर द्वैतवादी थे। ज्योंही आप सोचते हैं कि आप शरीर और मन हैं, त्योंही आपको यह संपूर्ण स्वप्न ग्रहण करना होगा। यदि आप उसके एक अंश को ग्रहण करते हैं तो आपको उसे संपूर्ण रूप से ग्रहण करना होगा। जो मनुष्य कहता है कि देखो, यह संसार है, पर ईश्वर (सगुण) नहीं है, वह मूर्ख है; क्योंकि यदि सृष्टि है, तो उसका कारण तो रहेगा ही और वही कारण 'ईश्वर' कहलाता है। कारण को बिना जाने तुम्हें कोई कार्य नहीं मिल सकता। ईश्वर तभी

इस अद्वैत-दर्शनशास्त्र को सभी मनुष्य ग्रहण नहीं कर सकते। वह अत्यंत सूक्ष्म है। सबसे पहले तो वह बुद्धि द्वारा समझने के लिए बहुत कठिन है। उसके लिए अत्यंत तीक्ष्ण बुद्धि चाहिए, साहस चाहिए। दूसरी बात यह है कि वह अधिकांश जन-समुदाय के अनुकूल नहीं है। इसीलिए ये तीन श्रेणियाँ हैं। प्रथम श्रेणी से आरंभ करो।

विलुप्त हो सकता है, जब इस संसार का लोप हो जाए। तब तुम ईश्वर (निर्गुण) हो जाओगे और तुम्हारे लिए यह संसार न रह जाएगा। जब तक 'मैं शरीर हूँ' ऐसा स्वप्न तुम में बना हुआ है, तब तक तुम अपने को जन्म लेनवाला और मरनेवाला ही पाओगे, पर ज्योंही वह स्वप्न भंग हो जाएगा, त्योंही यह स्वप्न भी भंग हो जाएगा कि तुम जन्म लेते हो और मरते हो और साथ ही यह स्वप्न भी कि इस विश्व का अस्तित्व है। वही वस्तु, जो आज हमें विश्व के रूप में दिख रही है, ईश्वर (परब्रह्म) दिखाई देगी और वही ईश्वर, जो इतने दीर्घकाल तक बाहर प्रतीत होता था, अब अंत:स्थ, अपनी स्वयं आत्मा ही प्रतीत होगा।

□

हिंदू धर्म और उसके चार योग

मानवजाति के अधिक-से-अधिक अंश को संतुष्ट करने के लिए धर्म का स्वरूप ऐसा होना चाहिए कि वह विभिन्न प्रकार के मनों को खाद्य-सामग्री प्रदान कर सके। जिन धर्म-मतों में ऐसी योग्यता का अभाव रहता है, वे एकदेशीय हो जाते हैं। मान लीजिए, आप एक ऐसे पंथवाले के पास गए, जिसमें प्रेम और भावना-शक्ति का उपदेश दिया जाता है। वे गाते हैं, रोते हैं और प्रेम का उपदेश देते हैं, पर ज्योंही आप कहते हैं, "मित्रवर, यह सब तो ठीक है; पर मुझे तो इससे कोई अधिक प्रबल वस्तु चाहिए; मुझे कुछ तर्क और तत्त्वज्ञान की आवश्यकता है; मैं तो सब बातों को क्रम से और कुछ युक्तिपूर्वक समझना चाहता हूँ", तो वे कहते हैं, "निकल जाओ।" और वे आपको केवल चले जाने के लिए ही न कहेंगे, प्रत्युत यदि उनके वश की बात हुई, तो आपको दूसरी जगह भेज देंगे। परिणाम यह होता है कि वह पंथ केवल भावना-प्रधान लोगों को ही सहायता दे सकता है। शेष दूसरों को सहायता देना तो दूर रहा, वे लोग उन्हें नष्ट कर देने का प्रयत्न करते हैं। सबसे बढ़कर दुष्टता तो यह है कि वे दूसरों को सहायता तो देंगे ही नहीं, पर साथ ही उनकी आंतरिकता में भी विश्वास नहीं करेंगे। फिर ऐसे तत्त्वज्ञानी लोग हैं, जो भारत और

प्राच्य के ज्ञान का बखान करते हैं और लंबे-लंबे पचास-पचास अक्षरों के दार्शनिक शब्दों का उपयोग करते हैं।

मेरे जैसा साधारण व्यक्ति यदि जाकर उनसे पूछे, "क्या आप मुझे आध्यात्मिक बनने का कोई उपाय बता सकते हैं?" तो सबसे पहले वे तो मुसकराएँगे और कहेंगे, "तुम हमसे बुद्धि में बहुत कम हो; तुम आध्यात्किता के विषय में भला क्या समझोगे?" ये लोग बहुत 'ऊँचे तत्त्वज्ञानी' हैं! ये आपको केवल दरवाजा दिखाते हैं। पुनः कई रहस्यवादी योग-संप्रदाय हैं, जो जीवन के विभिन्न स्तरों के संबंध में, मन की नाना अवस्थाओं तथा शक्तियों के संबंध में बहुतेरी बातें बताते हैं। मुझ जैसा साधारण मनुष्य यदि उनसे पूछता है, "कोई अच्छा काम बताइए, जिसे मैं कर सकूँ। मुझे सूक्ष्म-विचार-बुद्धि विशेष पसंद नहीं है। क्या आप मुझे ऐसा कुछ दे सकते हैं, जो मेरे स्वभाव के अनुरूप हो?" तो वे हँसकर कहेंगे, "सुनो इस मूर्ख की बात; यह कुछ नहीं जानता; इसका जीवन व्यर्थ है।" और यही बात संसार में सर्वत्र चल रही है। मेरे मन में तो यही है कि इन सभी विभिन्न पंथों के कट्टर उपदेशकों को एकत्र करके एक कोठरी में बंद कर दूँ और उनकी सुंदर तिरस्कारयुक्त हँसी का छायाचित्र उतार लूँ।

मेरे जैसा साधारण व्यक्ति यदि जाकर उनसे पूछे, "क्या आप मुझे आध्यात्मिक बनने का कोई उपाय बता सकते हैं?" तो सबसे पहले वे तो मुसकराएँगे और कहेंगे, "तुम हमसे बुद्धि में बहुत कम हो; तुम आध्यात्किता के विषय में भला क्या समझोगे?" ये लोग बहुत 'ऊँचे तत्त्वज्ञानी' हैं! ये आपको केवल दरवाजा दिखाते हैं।

धर्म की वर्तमान अवस्था, प्रत्यक्ष वस्तुस्थिति ऐसी ही है। मैं जिस धर्म का प्रचार करना चाहता हूँ, वह ऐसा है, जिसे सभी प्रकार के मन समान रूप से ग्रहण कर सकें, वह जितना दार्शनिक हो, उतना ही भावना की भी पुष्टि करे, समान रूप से योग पर जोर दे और उतना ही कर्म के

लिए प्रेरणा देनेवाला हो। यदि कॉलेज के अध्यापकगण, वैज्ञानिक और भौतिक-शास्त्रवेत्ता पहुँचेंगे, तो वे तो बुद्धिवाद चाहेंगे। जी भरकर उन्हें वही लेने दो। एक ऐसी अवस्था आएगी, जब वे सोचेंगे कि वे उसके परे, बुद्धि के बाँध तो तोड़े बिना नहीं जा सकते। वे कहेंगे, "ईश्वर और मुक्ति संबंधी ये विचार मिथ्या कल्पनाएँ हैं; इन्हें छोड़ो!" मैं कहता हूँ, "दर्शनशास्त्रीजी, आपका यह शरीर तो उससे बढ़कर मिथ्या-कल्पना है, आप उसको छोड़िए। भोजन के लिए घर जाना या दर्शनशास्त्र पढ़ाने जाना बंद कर दीजिए। शरीर को त्याग दीजिए और यदि वैसा नहीं कर सकते, तो चिल्लाना छोड़कर बैठ जाइए।" कारण, धर्म तो वह है, जो हमें यह दिखा सके कि हम उस तत्त्वज्ञान की उपलब्धि किस प्रकार कर सकते हैं, जो हमें सिखाता है कि वह विश्व एक है और इस जगत् में केवल एक ही सत्ता है। इसी प्रकार, जब राजयोगी आए, तब उसका भी हमें स्वागत करना चाहिए। उसे मनोविश्लेषण-शास्त्र का पाठ पढ़ाने के लिए और उसके सामने तदनुसार प्रत्यक्ष प्रयोग करके दिखाने के लिए हमें तैयार रहना चाहिए। यदि भावना-प्रधान मनुष्य आए तो हमें उसके साथ बैठकर ईश्वर का नाम लेते हुए हँसना और रोना चाहिए और 'प्रेम का प्याला पीकर पागल बन जाना चाहिए।' यदि उत्साही कार्यकर्ता आ जाए, तो हमें अपनी संपूर्ण शक्ति लगाकर उसके साथ कर्म करना चाहिए। इस प्रकार के सम्मिलित योग द्वारा हम सार्वभौमिक धर्म के आदर्श के अत्यंत निकट पहुँच जाएँगे।

"ईश्वर और मुक्ति संबंधी ये विचार मिथ्या कल्पनाएँ हैं; इन्हें छोड़ो!" मैं कहता हूँ, "दर्शनशास्त्रीजी, आपका यह शरीर तो उससे बढ़कर मिथ्या-कल्पना है, आप उसको छोड़िए। भोजन के लिए घर जाना या दर्शनशास्त्र पढ़ाने जाना बंद कर दीजिए। शरीर को त्याग दीजिए और यदि वैसा नहीं कर सकते, तो चिल्लाना छोड़कर बैठ जाइए।"

ईश्वर करे, प्रत्येक मनुष्य का गठन ऐसा हो कि उसके चित्त में ज्ञान, भक्ति, योग और कर्म के भाव समान रूप से पूर्ण मात्रा में विद्यमान रहें। यही आदर्श है। पूर्ण मनुष्य का मेरा आदर्श यही है। जिसके स्वभाव में इनमें से केवल एक या दो ही भव विद्यमान हों, उसे मैं 'एकांगी' समझता हूँ और संसार प्राय: ऐसे ही एकांगी व्यक्तियों से भरा है। वे जिस मार्ग पर चलते हैं, उन्हें बस उसी एक मार्ग का ज्ञान है और अन्य मार्गों को वे भयंकर और वीभत्स समझते हैं। इन चारों मार्गों का समतोल समन्वय हो जाए, यही धर्म 'मेरा' आदर्श है और इन धर्म की प्राप्ति, हम भारतीयों के शब्दों में 'योग' द्वारा होती है। कर्मी के लिए इस 'योग' का अर्थ है—व्यष्टि और समष्टि मानवता की एकता या अभेद। राजयोगी के 'योग' का अर्थ है—जीवात्मा तथा परमात्मा की एकता या अभेद। भक्त के लिए अपने और अपने प्रेमास्पद भगवान् के बीच अभिन्नता ही 'योग' है और ज्ञानी के लिए योग का अर्थ है—यावत् अस्तित्व का ऐक्य। योग का यही अर्थ है। 'योग' संस्कृत शब्द है और इसके चार विभागों के संस्कृत में भिन्न-भिन्न नाम हैं। इस प्रकार के एकत्व के लिए प्रयत्नशील मनुष्य 'योगी' कहलाता है। कर्म करनेवाला 'कर्मयोगी' कहलाता है। प्रेम के मार्ग से जो योग प्राप्त करना चाहता है, वह 'भक्तियोगी' है; राजयोग से जो उसे खोजता है, वह राजयोगी है और जो ज्ञानमार्ग से उसका अनुसंधान करता है, वह ज्ञानयोगी कहलाता है। इस प्रकार 'योगी' शब्द में इन सभी का समावेश होता है।

ईश्वर करे, प्रत्येक मनुष्य का गठन ऐसा हो कि उसके चित्त में ज्ञान, भक्ति, योग और कर्म के भाव समान रूप से पूर्ण मात्रा में विद्यमान रहें। यही आदर्श है। पूर्ण मनुष्य का मेरा आदर्श यही है। जिसके स्वभाव में इनमें से केवल एक या दो ही भव विद्यमान हों, उसे मैं 'एकांगी' समझता हूँ और संसार प्राय: ऐसे ही एकांगी व्यक्तियों से भरा है।

अब मैं सबसे पहले राजयोग को लेता हूँ। यह राजयोग, मन का यह संयमन क्या है ? आपके इस देश में 'योग' शब्द के साथ उसी प्रकार के भूत-प्रेतों की बातें संबद्ध कर दी जाती हैं। अत: मैं सबसे पहले यही बता देना उचित समझता हूँ कि योग से और इन बातों से कोई संबंध नहीं है। इन चार योगों में से एक में भी युक्ति-विचार का त्याग नहीं करना पड़ता। इनमें से कोई भी यह नहीं चाहता कि तुम्हें कोई ठग ले अथवा तुम अपनी तर्कशक्ति को किसी पंडे-पुरोहित को सौंप दो। इनमें से एक भी यह नहीं सिखाता कि तुम किसी अलौकिक देवदूत में विश्वास कर, उसके भक्त बन जाओ। इनमें से प्रत्येक तुम्हें विचार-बुद्धि को दृढ़ता के साथ पकड़े रहने की शिक्षा देता है।

प्रत्येक प्राणी में ज्ञान के तीन साधन पाते हैं। प्रथम है सहज-प्रेरणा, जो पशुओं में सबसे अधिक बढ़ी हुई रहती है, यह ज्ञान का अत्यंत निम्न श्रेणी का साधन है। ज्ञान का द्वितीय साधन क्या है ? यह है—युक्ति-विचार। वह मनुष्य में सबसे अधिक विकसित मिलेगा। सहज-प्रेरणा एक अपर्याप्त साधन है। पशुओं का कार्यक्षेत्र बहुत मर्यादित हुआ करता है और उसी मर्यादा के भीतर यह सहज-प्रवृत्ति काम करती है। जब हम मनुष्य की ओर आते हैं, तो हम बड़ी मात्रा में उसे युक्ति-विचार में विकसित हुई पाते हैं। कार्य का क्षेत्र भी यहाँ विस्तृत हो गया है, तथापि युक्ति-विचार भी अत्यंत अपर्याप्त है।

प्रत्येक प्राणी में ज्ञान के तीन साधन पाते हैं। प्रथम है सहज-प्रेरणा, जो पशुओं में सबसे अधिक बढ़ी हुई रहती है, यह ज्ञान का अत्यंत निम्न श्रेणी का साधन है। ज्ञान का द्वितीय साधन क्या है ? यह है—युक्ति-विचार। वह मनुष्य में सबसे अधिक विकसित मिलेगा। सहज-प्रेरणा एक अपर्याप्त साधन है। पशुओं का कार्यक्षेत्र बहुत मर्यादित हुआ करता है और उसी मर्यादा के भीतर यह सहज-प्रवृत्ति काम करती है।

यह केवल थोड़ी दूर तक जाकर वहीं ठहर जाता है, और आगे नहीं बढ़ सकता। यदि हम उसे ढकेलने का प्रयत्न करें, तो असहाय विभ्रांति की स्थिति हो जाती है और तर्क स्वविरुद्ध हो जाता है, तर्क-युक्तियाँ स्वयं चक्कर खाने लगती हैं। उदाहरण के लिए, हमारे अनुभव के मुख्य आधार जड़ और शक्ति को ही ले लीजिए। जड़ क्या है, वह, जिस पर शक्ति अपना कार्य करती है और शक्ति क्या है ? वह, जो जड़ पर कार्य करती है। देखी आपने उलझन ! इसे ही नैयायिक 'अन्योन्याश्रय' कहते हैं।

एक विचार दूसरे पर अवलंबित है और यह दूसरा विचार पुनः प्रथम विचार पर ही अवलंबित है। तर्कशक्ति के सामने बड़ी जबरदस्त रुकावट आ जाती है, जिसके उस पार वह नहीं जा सकती; फिर भी वह उसके परे, अनंत के प्रदेश में प्रवेश करने के लिए आतुर है। यह जगत्, यह विश्व, जिसका अनुभव हमारी इंद्रियाँ करती हैं या जिसके विषय में हमारा मन विचार करता है।

एक विचार दूसरे पर अवलंबित है और यह दूसरा विचार पुनः प्रथम विचार पर ही अवलंबित है। तर्कशक्ति के सामने बड़ी जबरदस्त रुकावट आ जाती है, जिसके उस पार वह नहीं जा सकती; फिर भी वह उसके परे, अनंत के प्रदेश में प्रवेश करने के लिए आतुर है। यह जगत्, यह विश्व, जिसका अनुभव हमारी इंद्रियाँ करती हैं या जिसके विषय में हमारा मन विचार करता है। मानो उसी अनंत का केवल एक अणुमात्र है, जो हमारी संज्ञा पर प्रतिफलित हुआ है और उस संकीर्ण मर्यादा के भीतर ही, संज्ञारूप जाल से घिरे हुए इस सीमाबद्ध विश्व-जगत् में ही हमारा युक्ति-विचार या बुद्धि काम करती है, उसके परे कदापि नहीं। अतः हमें मर्यादा के परे ले जानेवाला कोई दूसरा साधन होना चाहिए और यह साधन अतींद्रिय-बोध कहलाता है। इस प्रकार सहज-प्रवृत्ति, युक्तिविचार और अतींद्रिय-बोध, ये तीन ही ज्ञान के साधन हैं। स्वाभाविक

प्रवृत्ति, जो पशुओं का साधन है, युक्ति-विचार मनुष्यों का और अतींद्रिय-बोध देव-मानवों का, पर सभी मनुष्यों में अधिक या अल्प विकसित अवस्था में इन तीनों ज्ञान-साधनों के अंकुर पाए ही जाते हैं।

इन मानसिक साधनों के सुविकसित होने लिए इनके अंकुर तो वहाँ होने ही चाहिए। साथ ही यह भी स्मरण रखना आवश्यक है कि एक साधन दूसरे साधन का विकसित रूप है और इसी कारण वे एक-दूसरे के विरोधी नहीं हैं। युक्ति-विचार विकसित होकर अतींद्रिय-बोध बनता है और इसलिए अतींद्रिय-बोध युक्तिविचार का विरोध नहीं करता, वरन् उसे पूर्ण करता है।

जिन सत्यों तक बुद्धि नहीं पहुँच पाती है, वे अतींद्रिय-बोध से प्रकाशित या प्रकट होते हैं और वे बुद्धि का विरोध नहीं करते। वृद्धावस्था बाल्यावस्था का विरोध नहीं करती, वह तो उसे पूर्ण बनाती है। अत: सदा ध्यान में रखिए कि निम्न श्रेणी के साधन को भूल से उच्च श्रेणी का साधन मान लेने में बड़ा खतरा है। बहुधा सहज-प्रवृत्ति अतींद्रिय बोध के नाम से संसार के सामने ला दी जाती है और उससे भविष्यवाणी करने के झूठे दावों का जन्म होता है। कोई मूर्ख या अर्धविक्षिप्त सोचता है कि उसके मस्तिष्क में होनेवाली गड़बड़ी अतींद्रिय-अनुभव है और वह चाहता है कि लोग उसका अनुकरण करें। अत्यंत परस्पर-विरोधी, तर्कहीन निरर्थक बातें, जिनका उपदेश संसार में दिया गया है, केवल पागलों के विभ्रांत मस्तिष्क से निकले हुए प्रलाप मात्र हैं, जिन्हें अतींद्रिय-

इन मानसिक साधनों के सुविकसित होने लिए इनके अंकुर तो वहाँ होने ही चाहिए। साथ ही यह भी स्मरण रखना आवश्यक है कि एक साधन दूसरे साधन का विकसित रूप है और इसी कारण वे एक-दूसरे के विरोधी नहीं हैं। युक्ति-विचार विकसित होकर अतींद्रिय-बोध बनता है और इसलिए अतींद्रिय-बोध युक्तिविचार का विरोध नहीं करता, वरन् उसे पूर्ण करता है।

अनुभव का नाम देकर प्रचलित करने का प्रयत्न किया जाता है।

सच्चे उपदेश की पहली कसौटी यह है कि वह उपदेश युक्ति-विचार के विपरीत न हो। आप देख सकते हैं कि इन सभी योगों का आधार उसी प्रकार का है। हम राजयोग को लें। यह मनोविज्ञान से संबंध रखनेवाला योग है। यह परमात्मा से संयोग प्राप्त करने का मनोवैज्ञानिक मार्ग है। यह विस्तृत विषय है और मैं आपके सम्मुख यहाँ इस योग के केंद्रीय विचार की ओर ही निर्देश कर सकता हूँ। हमारे पास ज्ञानप्राप्ति की केवल एक ही रीति है। अति सामान्य मनुष्य से लेकर परमोच्च योगी तक सभी को उसी उपाय का अवलंबन करना पड़ता है। उस उपाय को 'एकाग्रता' कहते हैं। अपनी प्रयोगशाला में काम करनेवाला रसायनशास्त्री अपने मन की सभी शक्तियों को एकाग्र करता है, उन्हें एक केंद्र में लाता है और मूल द्रव्यों पर प्रक्षेप करता है और तब तो उन द्रव्यों का विश्लेषण हो जाता है और इस प्रकार उसे ज्ञान की प्राप्ति होती है।

सच्चे उपदेश की पहली कसौटी यह है कि वह उपदेश युक्ति-विचार के विपरीत न हो। आप देख सकते हैं कि इन सभी योगों का आधार उसी प्रकार का है। हम राजयोग को लें। यह मनोविज्ञान से संबंध रखनेवाला योग है। यह परमात्मा से संयोग प्राप्त करने का मनोवैज्ञानिक मार्ग है।

ज्योतिषशास्त्री ने भी अपने मन की शक्तियों को एकाग्र किया है, उन्हें एक केंद्र में लाया है और वह उन्हें अपनी दूरबीन द्वारा अपने ध्येय-वस्तुओं की ओर प्रयुक्त करता है और तब तो तारागण और सौर-मंडल सामने आते हैं और अपना रहस्य उसके पास प्रकट कर देते हैं। ऐसा ही सर्वत्र होता है। अपनी गद्दी पर विराजमान अध्यापक हाथ में पुस्तक लिये हुए विद्यार्थी तथा ज्ञानपिपासु प्रत्येक मनुष्य को ज्ञानप्राप्ति के लिए ऐसा ही करना पड़ता है। आप मेरी बात सुन रहे हैं और यदि मेरे शब्द आपको रुचिकर हैं तो आपका मन उन शब्दों में एकाग्र हो जाएगा; उस समय

यदि घड़ी का घंटा भी बजा, तो आप उसकी आवाज को इस मनोयोग के कारण नहीं सुन पाएँगे और जितना ही आप अपने मन को एकाग्र कर सकेंगे, उतनी ही अच्छी तरह आप मेरी बातों को समझ सकेंगे। जितना ही मैं अपने प्रेम और शक्तियों को एकाग्र करूँगा, उतने ही सुंदर ढंग से मैं आपको अपना वक्तव्य समझा सकूँगा। एकाग्रता की यह शक्ति जितनी अधिक होगी, उतनी ही अधिक ज्ञान की प्राप्ति होगी; क्योंकि ज्ञान-प्राप्ति का यही एकमात्र उपाय है।

चर्मकार भी यदि काम में अधिक एकाग्रता लाए, तो वह जूतों को और अच्छा पॉलिश कर सकता है; रसोइया अपने काम में एकाग्रता लाने से और भी अच्छी तरह रसोई पका सकता है। धन कमाने में, ईश्वर की पूजा करने में या कोई काम करने में एकाग्रता की शक्ति जितनी प्रबलतर होगी, उतने ही उत्तम रूप से वह कार्य संपन्न होगा। यही एक पुकार है, यही एक खटखटाहट है, जो प्रकृति के दरवाजों को खोलती है और प्रकाश की बाढ़ को बाहर ला देती है। यह एकाग्रता की शक्ति ही ज्ञान के कोषगृह की एकमात्र कुंजी है। राजयोग की प्रणाली इसी का वर्णन करती है।

चर्मकार भी यदि काम में अधिक एकाग्रता लाए, तो वह जूतों को और अच्छा पॉलिश कर सकता है; रसोइया अपने काम में एकाग्रता लाने से और भी अच्छी तरह रसोई पका सकता है। धन कमाने में, ईश्वर की पूजा करने में या कोई काम करने में एकाग्रता की शक्ति जितनी प्रबलतर होगी, उतने ही उत्तम रूप से वह कार्य संपन्न होगा। यही एक पुकार है, यही एक खटखटाहट है, जो प्रकृति के दरवाजों को खोलती है और प्रकाश की बाढ़ को बाहर ला देती है।

अपने शरीर की वर्तमान स्थिति में हम इतने अस्थिरचित हैं कि मन अपनी शक्तियों को सैकड़ों प्रकार की वस्तुओं में व्यर्थ खो रहे हैं। ज्योंही

मैं अपने विचारों को शांत करने और मन को ज्ञान के किसी एक विषय पर एकाग्र करने का प्रयत्न करता हूँ, त्योंही मेरे मस्तिष्क में सहस्त्रों अनिष्ट आवेग घुस पड़ते हैं, मन में सहस्त्रों विचार प्रवष्टि होने लगते हैं और उनमें गड़बड़ मचा देते हैं। इस बात को कैसे रोकना चाहिए और मन को किस प्रकार वश में करना चाहिए, इसी विषय की संपूर्ण शिक्षा राजयोग में दी गई है।

अब कर्मयोग को लीजिए, जिसमें कर्म द्वारा ईश्वर की प्राप्ति की जाती है। यह तो स्पष्ट है कि समाज में कई मनुष्य ऐसे रहते हैं, जिन्होंने मानो किसी-न-किसी प्रकार के कर्म करने के लिए ही जन्म लिया है। उनका मन केवल विचार-राज्य में ही एकाग्र होकर नहीं रह सकता, वे तो केवल ठोस कार्य को ही समझ सकते हैं, जो आँखों से देखा जा सकता है और हाथों से किया।

अब कर्मयोग को लीजिए, जिसमें कर्म द्वारा ईश्वर की प्राप्ति की जाती है। यह तो स्पष्ट है कि समाज में कई मनुष्य ऐसे रहते हैं, जिन्होंने मानो किसी-न-किसी प्रकार के कर्म करने के लिए ही जन्म लिया है। उनका मन केवल विचार-राज्य में ही एकाग्र होकर नहीं रह सकता, वे तो केवल ठोस कार्य को ही समझ सकते हैं, जो आँखों से देखा जा सकता है और हाथों से किया। इस प्रकार के जीवन के लिए भी एक शास्त्र होना चाहिए। हम में से प्रत्येक किसी-न-कसी कार्य में लगा हुआ है, पर हम में से अधिकांश अपनी शक्तियों का अधिकतर भाग व्यर्थ खो देते हैं; क्योंकि हम कर्म के रहस्य को नहीं जानते। कर्मयोग इस रहस्य को समझाता है, यह सिखाता है कि कहाँ और कैसे काम करना चाहिए, हमारे सामने जो काम है, उसमें अपनी शक्तियों का सबसे अधिक भाग का प्रयोग अत्यंत लाभदायक रीति से किस प्रकार किया जा सकता है, पर इस रहस्य के साथ-ही-साथ हमें कर्म के विरुद्ध होनेवाले उस बड़े आक्षेप पर भी

विचार करना चाहिए, जो कहता है कि कर्म से दुःख की उत्पत्ति होती है। सारे दुःख और कष्ट आसक्ति से उत्पन्न हुआ करते हैं। मैं कर्म करना चाहता हूँ, मैं किसी मनुष्य की भलाई करना चाहता हूँ और यह बात 99 प्रतिशत संभव है कि वह मनुष्य, जिसकी मैंने भलाई की है, कृतघ्न निकलेगा और मेरे विरुद्ध कार्य करेगा। मेरे लिए इसका परिणाम तो दुःख ही होगा। ऐसी घटनाएँ मनुष्य को कर्म करने से दूर भगाती हैं। इस दुःख और कष्ट का डर मानवजाति के कर्म और शक्ति का बड़ा भाग नष्ट कर देता है।

कर्मयोग सिखाता है, केवल कर्म के लिए कर्म किस प्रकार करना, किस प्रकार आसक्ति रहित होकर—किसको सहायता मिलती है और किसलिए कर्म किया जाता है—इन सब बातों की ओर ध्यान दिए बिना ही कर्म करना। कर्मयोगी इसीलिए कर्म करता है कि कर्म करना उसके लिए अच्छा है और इसके परे उसका कोई हेतु नहीं है। उसकी स्थिति इस संसार में एक दाता के समान है और वह कुछ पाने की कभी चिंता नहीं करता। वह जानता है कि मैं दे रहा हूँ और बदले में कुछ माँगता नहीं और इसीलिए वह दुःख के चंगुल में नहीं पड़ता। जब कभी हम पर दुःख का बंधन पड़ता है, तो वह 'आसक्ति' की प्रतिक्रिया का ही फल हुआ करता है।

कर्मयोग सिखाता है, केवल कर्म के लिए कर्म किस प्रकार करना, किस प्रकार आसक्ति रहित होकर—किसको सहायता मिलती है और किसलिए कर्म किया जाता है—इन सब बातों की ओर ध्यान दिए बिना ही कर्म करना। कर्मयोगी इसीलिए कर्म करता है कि कर्म करना उसके लिए अच्छा है और इसके परे उसका कोई हेतु नहीं है।

इसके बाद भक्तिभोग है, जो भावनाप्रधान, प्रेमी-प्रकृतिवाले व्यक्ति के लिए उपयोगी है। वह ईश्वर पर प्रेम करना चाहता है और सभी प्रकार के क्रिया-अनुष्ठान, पुष्प, गंध-द्रव्य, सुंदर मंदिर और मूर्ति आदि का

आश्रय लेता और उपयोग करता है। क्या आप समझते हैं कि वे गलती कर रहे हैं? आपको एक बात अवश्य बता दूँ, विशेषकर इस देश में यह स्मरण रखना आपके लिए अच्छा होगा कि संसार की महान् आध्यात्मिक विभूतियाँ उन्हीं पंथों में उत्पन्न हुई हैं, जिनके पास बहुत समृद्ध पौराणिक कथाओं और कर्मविधियों का भंडार रहा है। वे पंथ, जो ईश्वर की पूजा, बिना मूर्ति और बिना विधि के ही करने का प्रयत्न करते हैं, ऐसी प्रत्येक वस्तु को निर्दयतापूर्वक कुचल डालते हैं, जो धर्मराज्य में सुंदर है, उदात्त है। उनका धर्म अधिक-से-अधिक धर्मांधता ही है, वह एक शुष्क रसहीन वस्तु है। संसार का इतिहास इस घटना का प्रत्यक्ष साक्षी है। अतः इन विधियों और पौराणिक कथाओं का तिरस्कार मत करो। लोग इन्हें रखे रहें। जिन्हें इनकी इच्छा है, उन्हें यह सब रखने दो। अधरों पर वह अनुचित तिरस्कारयुक्त हँसी लेकर यह न कहो, "वे मूर्ख हैं, उनके पास इन बातों को रहने दो।" बात ऐसी नहीं है।

बड़े-बड़े महात्मा, जिनका दर्शन मैंने अपने जीवन में किया है, जिनकी आध्यात्मिक प्रगति अत्यंत अद्‍भुत थी, वे इन्हीं विधि-अनुष्ठानों में से होते हुए उस उच्चावस्था को प्राप्त हुए हैं। मैं अपने को उनके चरणों के समीप बैठने योग्य नहीं पाता; फिर 'मैं' 'उनकी' समालोचना करूँ!

बड़े-बड़े महात्मा, जिनका दर्शन मैंने अपने जीवन में किया है, जिनकी आध्यात्मिक प्रगति अत्यंत अद्‍भुत थी, वे इन्हीं विधि-अनुष्ठानों में से होते हुए उस उच्चावस्था को प्राप्त हुए हैं। मैं अपने को उनके चरणों के समीप बैठने योग्य नहीं पाता; फिर 'मैं' 'उनकी' समालोचना करूँ! मैं यह कैसे जानूँ कि ये विचार मनुष्य के मन पर किस प्रकार प्रभाव डालते हैं, इनमें से मैं किसको ग्रहण करूँ और किसको त्याग दूँ? हम बिना पर्याप्त कारण के ही किसी भी बात की टीका-टिप्पणी करने लग जाते हैं। लोग जितनी पौराणिक कथाएँ रखना चाहें रखें, उनकी स्फूर्तिदायक सुंदर

शिक्षाओं को ग्रहण करें; क्योंकि यह सदा स्मरण रखना चाहिए कि भावना प्रधान प्रकृतिवाले मनुष्य सत्य की शुष्क परिभाषाओं की परवाह नहीं करते। उनके लिए ईश्वर तो एक मूर्त वस्तु है और वही एकमात्र सत्स्वरूप है। वे उसका अनुभव करते हैं, उसकी वाणी श्रवण करते हैं, उसे देखते हैं और उससे प्रेम करते हैं। वे अपने ईश्वर को रखे रहें। आपका तर्कवादी उनकी दृष्टि में उस मूर्ख के समान है, जो एक सुंदर मूर्ति को देखकर उसे यह जानने के लिए तोड़ना चाहता है कि वह बनी किस द्रव्य की है।

भक्तियोग उन्हें यह सिखाता है कि बिना किसी स्वार्थयुक्त उद्देश्य के ईश्वर से किस तरह प्रेम करना चाहिए। वह शिक्षा देता है कि ईश्वर से, शुभ से, प्रेम इसलिए करना चाहिए कि ऐसा करना अच्छी बात है, न कि स्वर्ग पाने के लिए अथवा संतति, संपत्ति या अन्य किसी कामना की पूर्ति के लिए। वह यह सिखाता है कि प्रेम का सबसे बढ़कर पुरस्कार प्रेम ही है और स्वयं ईश्वर प्रेमस्वरूप है। वह उन्हें सभी प्रकार के संबोधनों द्वारा ईश्वर को अपने हृदय का भक्ति-अर्घ्य प्रदान करना सिखाता है, जैसे—सृष्टिकर्ता, सर्वदर्शी, सर्वशक्तिमान, शासक, पिता और माता।

भक्तियोग उन्हें यह सिखाता है कि बिना किसी स्वार्थयुक्त उद्देश्य के ईश्वर से किस तरह प्रेम करना चाहिए। वह शिक्षा देता है कि ईश्वर से, शुभ से, प्रेम इसलिए करना चाहिए कि ऐसा करना अच्छी बात है, न कि स्वर्ग पाने के लिए अथवा संतति, संपत्ति या अन्य किसी कामना की पूर्ति के लिए।

सबसे बढ़कर वाक्यांश, जो ईश्वर का वर्णन कर सकता है, सबसे बढ़कर कल्पना, जिसे मनुष्य का मन ईश्वर के बारे में ग्रहण कर सकता है, वह यह है कि 'परमेश्वर प्रेमस्वरूप है'। जहाँ कहीं प्रेम है, वह परमेश्वर ही है। "जहाँ कहीं प्रेम है, वह ईश्वर ही है, वहाँ ईश्वर ही विद्यमान है।" जब पति पत्नी का चुंबन करता है, तो वहाँ उस चुंबन में वह ईश्वर है।

जब माता बच्चे को चूमती है, तो वहाँ भी उस चुंबन में वह ईश्वर ही है। जब दो मित्र हाथ मिलाते हैं, तब वहाँ वह परमात्मा ही प्रेममय ईश्वर के रूप में विद्यमान है। जब एक महान् व्यक्ति प्रेम करता है और मानवजाति की सहायता करना चाहता है, तब वहाँ वह ईश्वर की मानवजाति की सहायता करना चाहता है, तब वहाँ वह ईश्वर ही मानवजाति के प्रति अपने प्रेम के कारण अपना दान मुक्तहस्त होकर देता है। जहाँ कहीं हृदय का विस्तार होता है, वहाँ ईश्वर प्रकट होता है। यही भक्तियोग की शिक्षा है।

अंत में हम ज्ञानयोग पर आते हैं। ज्ञानयोगी दार्शनिक है, विचारशील है और दृश्य-जगत् के परे जाने का इच्छुक नहीं है। वह इस संसार की छोटी-छोटी वस्तुओं से संतुष्ट होनेवाला मनुष्य नहीं है। उसकी धारणा है कि खान-पान आदि दैनिक जीवन के परे जाना होगा। सहस्त्रों ग्रंथों की शिक्षा से भी उसे संतोष नहीं होता। सारे विज्ञानशास्त्र भी उसे संतुष्ट नहीं कर सकते। अधिक-से-अधिक वे सब उसके सामने इस छोटे से संसार को ही ला सकते हैं। तब फिर कौन सी दूसरी वस्तु उसे संतोष देगी? करोड़ों विश्व-ब्रह्मांड भी उसको संतुष्ट नहीं कर सकते; वे तो उसके लिए सत्ता के सिंधु में केवल एक बिंदु के समान हैं। उसकी आत्मा सत्य को उसके प्रकृत स्वरूप में देखना चाहती है और संसार की इन सारी वस्तुओं के अतीत जाकर, उस सत्यस्वरूप का अनुभव करके, तद्रूप होकर, उस सर्वव्यापी परमात्मा के साथ एक होकर सत्ता के अंतराल में समा जाना चाहती है।

अंत में हम ज्ञानयोग पर आते हैं। ज्ञानयोगी दार्शनिक है, विचारशील है और दृश्य-जगत् के परे जाने का इच्छुक नहीं है। वह इस संसार की छोटी-छोटी वस्तुओं से संतुष्ट होनेवाला मनुष्य नहीं है। उसकी धारणा है कि खान-पान आदि दैनिक जीवन के परे जाना होगा। सहस्त्रों ग्रंथों की शिक्षा से भी उसे संतोष नहीं होता।

यही दार्शनिक है। यह कहना कि ईश्वर पिता है, माता है, इस विश्व

का स्रष्टा, उसका पालक और चालक है, उसकी दृष्टि में उस ईश्वर के वर्णन के लिए बिल्कुल अपर्याप्त है। उसके लिए तो ईश्वर उसके जीवन का जीवन है, उसकी आत्मा की आत्मा है। ईश्वर स्वयं उसी की आत्मा है, ऐसी कोई अन्य वस्तु शेष ही नहीं रह जाती, जो ईश्वर न हो। उसके व्यक्तित्व के सभी मरणशील अंग दर्शनशास्त्र के प्रबल आघातों से चूर्ण होकर उड़ जाते हैं और अंत में यथार्थतः जो शेष रह जाता है, वह ईश्वर है।

द्वा सुपर्णा सयुजा सखाया समानं वृक्षं परिषस्वजाते।
तयोरन्यः पिप्पलं स्वादु अत्ति अनश्नन्नोन्यो अभिचाकशीति॥
समाने वृक्षे पुरुषों निगम्नोऽनीशया शोचति मुह्यमानः।
जुष्टं यदा पश्यत्यन्यमीशमस्य महिमानमिति वीतशोकः।

एक ही वृक्ष पर दो पक्षी हैं, एक चोटी पर और दूसरा नीचे। चोटी पर रहनेवाला पक्षी शांत, मौन, महिमाशाली और अपने ही ऐश्वर्य में मग्न है। नीचे की शाखाओं पर रहनेवाला पक्षी, बारी-बारी से मधुर और कटु फल खाता हुआ, शाखा से शाखा पर फुदकता हुआ, बारी-बारी से सुखी और दुःखी हो रहा है। कुछ काल के पश्चात् नीचेवाला पक्षी अत्यंत कटु फल खाकर त्रस्त हो जाता है और ऊपर की ओर वहाँ उस स्वर्ण पंखवाले अद्भुत पक्षी को देखता है, जो न तो मधुर फल खाता है, न कटु ही, जो न सुखी है न दुःखी, वरन् शांत, अपने आप में ही मग्न है और अपनी आत्मा के परे कुछ नहीं देखता है। नीचेवाला पक्षी उसी स्थिति की आकांक्षा करता है, पर शीघ्र ही उस बात को भूल जाता है और पुनः फल खाना आरंभ

एक ही वृक्ष पर दो पक्षी हैं, एक चोटी पर और दूसरा नीचे। चोटी पर रहनेवाला पक्षी शांत, मौन, महिमाशाली और अपने ही ऐश्वर्य में मग्न है। नीचे की शाखाओं पर रहनेवाला पक्षी, बारी-बारी से मधुर और कटु फल खाता हुआ, शाखा से शाखा पर फुदकता हुआ, बारी-बारी से सुखी और दुःखी हो रहा है।

कर देता है। थोड़ी देर बाद वह फिर से दूसरा अत्यंत कड़वा फल खाता है, जिसके कारण उसे ग्लानि होती है। वह पुनः ऊपर देखता है और उस ऊपरवाले पक्षी के कुछ समीप पहुँचने का प्रयास करता है। एक बार फिर उसे विस्मरण हो जाता है और कुछ समय के बाद पुनः वह ऊपर दृष्टि डालता है और इसी प्रकार वह बार-बार ऊपर उठता जाता है। अब वह उस सुंदर पक्षी के अत्यंत समीप पहुँच जाता है और देखता है कि उस पक्षी के शरीर और पंख से निकलनेवाली सुनहली आभा उसके अपने ही शरीर के आस-पास खेल रही है। अब इस पक्षी को अपने में परिवर्तन का अनुभव होता है, वह मानो पिघलने लगता है; अब वह और भी निकट जाता है और उसके आस-पास की सभी वस्तुएँ पिघल जाती हैं। अंत में वह इस अद्भुत परिवर्तन को समझ पाता है कि वह मानो ऊपरवाले की ही ठोस सी प्रतीत होनेवाली छाया था, उसका प्रतिबिंब था। वह स्वयं स्वरूपतः सदा ऊपर का पक्षी ही था। मधुर और कटु फलों का यह भक्षण, नीचेवाले इस छोटे पक्षी का बारी-बारी से रोना और आनंदित होना, वह सब केवल मिथ्या आभास था, एक स्वप्न मात्र था। सच्चा पक्षी तो शांत और मौन, तेजस्वी और ऐश्वर्य-संपन्न, दुःख और शोक के परे सदैव ऊपर ही बैठा था। ऊपरवाला पक्षी इस विश्व का प्रभु ईश्वर है और नीचेवाला पक्षी इस संसार के मधुर और कटु फलों का भक्षक जीवात्मा है। बीच-बीच में जीवात्मा पर कठोर आघात होते रहते हैं। तब कुछ समय के लिए वह फल खाना बंद करके, उस अज्ञात ईश्वर की ओर बढ़ता है और प्रकाश की

अब इस पक्षी को अपने में परिवर्तन का अनुभव होता है, वह मानो पिघलने लगता है; अब वह और भी निकट जाता है और उसके आस-पास की सभी वस्तुएँ पिघल जाती हैं। अंत में वह इस अद्भुत परिवर्तन को समझ पाता है कि वह मानो ऊपरवाले की ही ठोस सी प्रतीत होनेवाली छाया था, उसका प्रतिबिंब था।

बाढ़ सामने आती है। तब वह सोचता है कि यह संसार एक मिथ्या दृश्य है! फिर भी इंद्रियाँ उसे नीचे खींच लाती हैं और वह पूर्ववत् संचार के मीठे और कड़वे फलों को खाना आरंभ कर देता है। पुनः उसे अत्यंत दुःसह दुःख का आघात प्राप्त होता है, उसका हृदय ईश्वरी प्रकाश के लिए पुनः खुल जाता है। इस प्रकार वह क्रमशः ईश्वर की ओर आने लगता है और जैसे-जैसे उसके अधिकाधिक समीप पहुँचता जाता है, वैसे-वैसे वह अपनी पुरानी आत्मा को पिघलते हुए देखता है। जब वह अत्यंत समीप आ जाता है, तब वह देखता है कि वह ईश्वर के अतिरिक्त और कुछ नहीं है और कह उठता है—

“स य एषोऽणिमा ऐतदात्म्यमिदं सर्वं तत्सत्यं स आत्मा तत्त्वमसि श्वेतकेतो इति।” “जिसके संबंध में मैंने तुम्हें बतलाया है कि वह विश्व का प्राण है, प्रत्येक अणु में और सूर्यों एवं चंद्रों में वर्तमान है, वही हमारे अपने जीवन का आधार है, हमारी आत्मा की आत्मा है। नहीं, तुम वही हो।”

“स य एषोऽणिमा ऐतदात्म्यमिदं सर्वं तत्सत्यं स आत्मा तत्त्वमसि श्वेतकेतो इति।” “जिसके संबंध में मैंने तुम्हें बतलाया है कि वह विश्व का प्राण है, प्रत्येक अणु में और सूर्यों एवं चंद्रों में वर्तमान है, वही हमारे अपने जीवन का आधार है, हमारी आत्मा की आत्मा है। नहीं, तुम वही हो।”

ज्ञानयोग यही शिक्षा देता है। वह मनुष्य को बताता है कि वह स्वरूपतः ब्रह्म ही है। वह मानवजाति को सत्ता की यथार्थ एकता दिखलाता है और यह सिखाता है कि हम में से प्रत्येक पृथ्वी पर प्रकट हुआ स्वयं परमेश्वर ही है। हम सभी हमारे पैरों के नीचे रेंगनेवाले अति क्षुद्र कीट से लेकर जिसको हम सविस्मय हृदय की श्रद्धाभक्ति अर्पण करते हैं, उन श्रेष्ठ जीवों तक, सभी, उसी प्रभु के प्रकाश हैं।

अंत में मैं यह बता देना चाहता हूँ कि इन सब विभिन्न योगों का

जीवन में प्रत्यक्ष आचरण करना चाहिए; केवल तत्संबंधी सिद्धांतों से कोई लाभ नहीं हो सकता। पहले उनके विषय में श्रवण करना चाहिए, तत्पश्चात् उन पर मनन करना चाहिए। हमें उन विचारों को तर्क द्वारा समझना चाहिए, अपने मन पर उन्हें अंकित करना चाहिए और निदिध्यासन करके अपरोक्ष अनुभव करना चाहिए, जिससे कि अंततोगत्वा हमारा समस्त जीवन तद्भावभावित हो उठे। तब धर्म हमारे लिए विचारों या सिद्धांतों की गठरी मात्र न रहेगा, न वह केवल बौद्धिक संपत्ति मात्र होगा; वह तो हमारी प्रत्यक्ष आत्मा में ही प्रविष्ट हो जाएगा। बौद्धिक संपत्ति द्वारा हम आज बहुतेरे मूर्खतापूर्ण विषयों को भले ही ग्रहण कर लें और कल अपने विचारों को बिल्कुल ही बदल डालें; पर यथार्थ धर्म कभी नहीं बदल सकता। धर्म अनुभूति की वस्तु है, बोलने की नहीं; वह कोई मतवाद नहीं है, न सिद्धांतों का समूह ही, चाहे वे कितने भी सुंदर क्यों न दिखते हों। आत्मा की ब्रह्मस्वरूपता को जान लेना, तद्रूप हो जाना, उसका साक्षात्कार करना, यही धर्म है।

वह केवल सुनने या मान लेने की चीज नहीं है। अपने संपूर्ण मन और प्राण के साथ अपनी श्रद्धा की वस्तु के साथ एकरूप हो जाना, यही धर्म है।

□

स्वामी विवेकानंद : महत्त्वपूर्ण तिथियाँ

- 12 जनवरी, 1863 : कोलकाता में जन्म
- सन् 1879 : प्रेजीडेंसी कॉलेज में प्रवेश
- सन् 1880 : जनरल एसेंबली इंस्टीट्यूशन में प्रवेश
- नवंबर 1881 : श्रीरामकृष्ण परमहंस से प्रथम भेंट
- सन् 1882-1886 : श्रीरामकृष्ण परमहंस से संबद्ध
- सन् 1884 : स्नातक परीक्षा उत्तीर्ण; पिता का स्वर्गवास
- सन् 1885 : श्रीरामकृष्ण परमहंस की अंतिम बीमारी
- 16 अगस्त, 1886 : श्रीरामकृष्ण परमहंस का निधन
- सन् 1886 : वराह नगर मठ की स्थापना
- जनवरी 1887 : वराह नगर मठ में संन्यास की औपचारिक प्रतिज्ञा
- सन् 1890-1893 : परिव्राजक के रूप में भारत भ्रमण
- 24 दिसंबर, 1892 : कन्याकुमारी में
- 13 फरवरी, 1893 : प्रथम सार्वजनिक व्याख्यान, सिंकदराबाद में
- 31 मई, 1893 : मुंबई से अमेरिका रवाना
- 25 जुलाई, 1893 : वैंकूवर, कनाडा पहुँचे
- 30 जुलाई, 1893 : शिकागो आगमन
- अगस्त 1893 : हार्वर्ड विश्वविद्यालय के प्रो. जॉन राइट से भेंट
- 11 सितंबर, 1893 : धर्म महासभा, शिकागो में प्रथम व्याख्यान
- 27 सितंबर, 1893 : धर्म महासभा, शिकागो में अंतिम व्याख्यान
- 16 मई, 1894 : हार्वर्ड विश्वविद्यालय में संभाषण

- नवंबर 1894 : न्यूयॉर्क में वेदांत समिति की स्थापना
- जनवरी 1895 : न्यूयॉर्क में धर्म-कक्षाओं का संचालन आरंभ
- अगस्त 1895 : पेरिस में
- अक्टूब 1895 : लंदन में व्याख्यान
- 6 दिसंबर, 1895 : वापस न्यूयॉर्क
- 22-25 मार्च, 1896 : हार्वर्ड विश्वविद्यालय में व्याख्यान
- 15 अप्रैल, 1896 : वापस लंदन
- मई-जुलाई 1896 : लंदन में धार्मिक-कक्षाएँ
- 28 मई, 1896 : ऑक्सफोर्ड में मैक्समूलर से भेंट
- 30 दिसंबर, 1896 : नेपल्स से भारत की ओर रवाना
- 15 जनवरी, 1897 : कोलंबो, श्रीलंका आगमन
- 6-15 फरवरी, 1897 : मद्रास में
- 19 फरवरी, 1897 : कलकत्ता आगमन
- 1 मई, 1897 : रामकृष्ण मिशन की स्थापना
- मई-दिसंबर 1897 : उत्तर भारत की यात्रा
- जनवरी 1898 : कलकत्ता वापसी
- 19 मार्च, 1899 : मायावती में अद्वैत आश्रम की स्थापना
- 20 जून, 1899 : पश्चिमी देशों की दूसरी यात्रा
- 31 जुलाई, 1899 : लंदन आगमन
- 28 अगस्त, 1899 : न्यूयॉर्क आगमन
- 22 फरवरी, 1900 : सैन फ्रांसिसको में
- 14 अप्रैल, 1900 : सैन फ्रांसिसकों में वेदांत समिति की स्थापना
- जून 1900 : न्यूयॉर्क में अंतिम कक्षा
- 26 जुलाई, 1900 : यूरोप रवाना
- 24 अक्तूबर, 1900 : वियना, हंगरी, कुस्तुनतुनिया, ग्रीस, मिस्र आदि देशों की यात्रा
- 26 नवंबर, 1900 : भारत को रवाना
- 9 दिसंबर, 1900 : बेलूड़ मठ आगमन
- जनवरी 1901 : मायावती की यात्रा
- मार्च-मई 1901 : पूर्वी बंगाल और असम की तीर्थ यात्रा
- जनवरी-फरवरी 1902 : बोध गया और वाराणसी की यात्रा
- मार्च 1902 : बेलूड़ मठ में वापसी
- 4 जुलाई, 1902 : महासमाधि

□□□